ONS LEAGUE

FFF

NICOLAS GETTLIFFE

ANTOINE GRIEZMANN

LE STRATÈGE

TALENT ÉDITIONS
115 rue de l'Abbé Groult, 75015 Paris

Maquette et couverture : Trémas (Fanny Druïlle)

Crédits iconographiques :

Couverture : PictureAlliance / Icon Sport et dpa picture alliance / Alamy Stock Photo, p. 2 : Marca / Icon Sport, p. 3 : Sputnik / Icon Sport, p. 8 : Icon Sport, p. 11 : Anthony Dibon / Icon Spor, p. 12 : Marca / Icon Sport, p. 13 : Marca / Icon Sport, p. 15 : Baptiste Fernandez / Icon Spor, p. 16 : DR, p. 17 : DR, p. 18 : Icon Sport, p. 19 : Marca / Icon Sport, p. 20 : Marca / Icon Sport, p. 21 : Daniel Derajinski / Icon Sport, p. 22 : Shot for press / Icon Sport, p. 24 : Marca / Icon Sport, p. 26 : Marca / Icon Sport, p. 27 : Manuel Blondeau / Icon Sport et Marca / Icon Sport, p. 28 : Marca / Icon Sport, p. 29 : Dave Winte / Icon Sport, p. 30 : Philippe Perusseau / Icon Sport, p. 31 : Dave Winter / Icon Sport, p. 33 : Dave Winter / Icon Sport, p. 34 : Philippe Perusseau / Icon Sport et Andre Ferreira / Icon Sport, p. 35 : Fred Porcu / Icon Sport, p. 36 : Olivier Anrigo / Icon Spor, p. 38 : Kieran McManus / BPI / Icon Sport et Dave Winter / Icon Sport, p. 39 : Olivier Anrigo / Icon Sport, p. 40 : Shot for press / Icon Sport, p. 43 : Marca / Icon Sport et Candel Reviejo / Lof Icon Sport / Icon Sport, p. 44 : Marca / Icon Sport, p. 46 : Newspix / Icon Sport, p. 48 : (1) Bpi / Icon Sport (2) Icon Sport (3) Sportsfile / Icon Sport (4) Bpi / Icon Sport, p. 49 : (5) Icon Sport (6) Bpi / Icon Sport et Icon Sport, p. 51 : Gepa / Icon Sport, p. 52 : Guillaume Ruoppolo / Icon Sport, p. 53 : Mis / Icon Sport, Gepa / Icon Sport et Anthony Dibon / Icon Sport, p. 55 : Icon Sport, p. 56 : PA Images / Icon Sport, p. 57 : Anthony Dibon / Icon Sport, p. 58 : PA Images / Icon Sport, Spi / Icon Sport et Anthony Dibon / Icon Sport, p. 59 : Bildbyran / Icon Sport, p. 60 : Sputnik / Icon Sport, p. 61 : PA Images / Icon Sport, p. 63 : Bildbyran / Icon Sport et Anthony Dibon / Icon Sport, p. 65 : ABACAPRESS.COM // Julio Munoz / Icon Sport, p. 66 : Pressinphoto / Icon Sport, p. 67 : Firo / Icon Sport, p. 68 : Anthony Dibon / Icon Sport, p. 70 : Anthony Dibon / Icon Sport, p. 71 : PA Images / Icon Sport, p. 72 : Anthony Dibon / Icon Sport, p. 73 : ActionPlus / Icon Sport, p. 74 : Juanjo Martin / Efe / ABACAPRESS.COM / Icon Sport, p. 75 : Alvaro Medranda / Icon Sport, p. 77 : Pressinphoto / Icon Sport, p. 78 : Anthony Bibard / FEP / Icon Sport, p. 79 : LiveMedia / Icon Sport et Anthony Dibon / Icon Sport, p. 81 : Anthony Dibon / Icon Sport, p. 83 : SipaUsa / Icon Sport, p. 84 : LaPresse / Icon Sport et Anthony Dibon / Icon Sport, p. 85 : Bildbyran / Icon Sport, p. 86 : Sandra Ruhaut / Icon Sport et Anthony Dibon / Icon Sport, p. 87 : Johnny Fidelin / Icon Sport et Marca / Icon Sport, QUIZ p88-91, Marca / Icon Sport Dave Winter / Icon Sport, Baptiste Fernandez / Icon Sport, Hugo Pfeiffer / Icon Sport, Icon sport, PA Images / Icon Sport, Hugo Pfeiffer / Icon Sport, Marca / Icon Sport, Sergio Ruiz / Pressinphoto / Icon Sport, Marca / Icon Sport, Page Maxi-têtes (photo d'ouverture : Icon Sport) p92-93, Tête 2010 : Philippe Perusseau / Icon Sport, Tête 2012 : Marca / Icon Sport, Tête 2013 : Andre Ferreira / Icon Sport, Tête 2014 : Dave Winter / Icon Sport, Tête 2015 : Shot / Icon Sport, Tête 2016 : Thomas Bachun / GEPA / Icon Sport, Tête 2017 : Actionplus / Icon Sport, Tête 2018 : Anthony Dibon / Icon Sport, Tête 2019 : Maria Jose Segovia / Actionplus / Icon Sport, Tête 2020 : Baptiste Fernandez / Icon Sport, Tête 2021 : Antonio Pozo / Pressinphoto / Icon Sport, Tête 2022 : Baptiste Fernandez / Icon Sport, Tête 2023 : Icon sport, Tête 2024 : Icon sport, p. 94 : PA Images / Icon Sport,

ISBN : 978-2-37815-373-1

IMPRIM'VERT®

Achevé d'imprimer en mai 2024 sur les presses de la SEPEC en France
Numéro d'impression : 19387240302

Certifié PEFC
Ce produit est issu de forêts gérées durablement et de sources contrôlées
PEFC
10-31-1470
www.pefc-france.org

NICOLAS GETTLIFFE

ANTOINE GRIEZMANN

LE STRATÈGE

Talent Sport

GRIEZMANN
7

Sommaire

FICHE JOUEUR : ANTOINE GRIEZMANN

Né le 21 mars 1991 à Mâcon (Saône-et-Loire)
Poste : attaquant ou milieu offensif

CLUBS SUCCESSIFS

- Sept. 1997 à août 1999 : Entente Charnay-Mâcon 71
- Sept. 1999 à juin 2006 : Union du Football Mâconnais
- Juillet 2006 à juin 2014 : Real Sociedad de Fútbol
- Juillet 2014 à juin 2019 : Club Atlético de Madrid
- Juillet 2019 à août 2021 : FC Barcelona
- Sept. 2021 à aujourd'hui : Club Atlético de Madrid

SÉLECTIONS EN ÉQUIPE DE FRANCE :

- Moins de 19 ans (2010) : 7 sélections (3 buts)
- Moins de 20 ans (2011) : 8 sélections (1 but)
- Espoirs – Moins de 21 ans (2010-2012) : 10 sélections (2 buts)
- Équipe de France A (depuis 2014) : 127 sélections (44 buts)

PALMARÈS :

- 1 victoire en Coupe du monde (2018)
- 1 victoire en Ligue des Nations (2021)
- 1 victoire à l'Euro des moins de 19 ans (2010)
- 1 victoire en Ligue Europa (2018)
- 1 victoire en Supercoupe d'Europe (2018)
- 1 victoire en Coupe d'Espagne (2021)
- 1 victoire en Supercoupe d'Espagne (2014)
- 1 titre en Segunda Division (2010)
- 1 titre de Meilleur joueur de la Liga (2016)
- 8 fois élu Meilleur joueur du mois en Liga (janvier 2015, avril 2015, septembre 2016, mars 2017, février 2018, décembre 2018, mars 2023, novembre 2023)
- 2 fois élu dans l'équipe type de l'UEFA en Ligue des champions (2016, 2017)
- 1 fois élu Meilleur joueur en Ligue Europa (2018)
- 1 fois élu dans l'équipe type de l'UEFA en Ligue Europa (2018)
- 1 fois Meilleur buteur de l'Euro (2016)
- 1 fois élu Meilleur joueur français à l'étranger aux Trophées UNFP (2016)
- 2 titres dans l'équipe type de la saison en Liga (2015, 2023)
- 1 victoire au Onze d'Or (2015)
- 2 fois élu 3e du Ballon d'Or (2016, 2018)

Antoine Griezmann à la baguette contre le Pérou, lors du Mondial 2018 en Russie.

GRIEZMANN SELF-MADE-MAN DES VESTIAIRES

Un homme à lui seul ne peut pas tout changer. Surtout dans un sport collectif. C'est un fait. Mais après l'échec cinglant contre l'Allemagne le 23 mars 2024 à Lyon (0-2), avec un Griezmann rentré à Madrid pour soigner une cheville meurtrie, beaucoup se sont demandé si ce forfait n'avait pas tout précipité.

Pas sûr que si le Mâconnais avait été présent à l'OL Stadium, le sort des Bleus, empruntés ce soir-là, en aurait été changé contre une *Mannschaft* redevenue fringante. Mais l'absence d'un joueur qui, depuis 2017, a aligné 84 sélections d'affilée n'est en rien anecdotique.

Dans son rôle hybride, « Grizou » rappelle – surtout aux plus anciens – la fonction que tenait Youri Djorkaeff en son temps. Avec son statut de neuf et demi, le « Snake » collaborait avec un certain Zinedine Zidane à ses côtés, laissant au Marseillais le soin d'envoûter le public. Aujourd'hui, Antoine Griezmann, dans un style similaire, est le dépositaire du jeu tricolore et laisse toute la lumière à Kylian Mbappé. Ce qui ne le perturbe pas plus que ça !

Lui ne revendique rien. D'aucuns se triturent les méninges pour savoir si l'habituel numéro 7 en équipe de France est une « légende » du football national. Un monument à aligner éventuellement aux côtés des Kopa, Fontaine, Platini, Giresse, Henry, Zidane… ou Deschamps. C'est probablement le cadet de ses soucis. D'autant que, depuis sa prime enfance, le gamin espiègle du quartier des Gautriats a dû se battre seul. Tel un self-made-man des vestiaires. Durant toute sa jeunesse, il n'a eu de cesse de s'entendre dire qu'il était bien trop freluquet pour espérer quoi que ce soit.

Le destin s'en est mêlé pour que ce passionné de ballon rond aille découvrir une herbe plus verte ailleurs. Barré partout dans l'Hexagone, en raison de ce physique frêle qui n'a jamais convaincu les centres de formation français, Antoine Griezmann s'est endurci de l'autre côté des Pyrénées. Et c'est en Espagne qu'il s'est fait un nom, oubliant sans remords une Ligue 1 qui ne lui a jamais ouvert ses bras. Dans un pays où des « colosses », tel Andrés Iniesta, ont été faits rois, quoi de plus normal que « Grizi » s'y soit octroyé une place au soleil.

La Real Sociedad, l'Atlético de Madrid et, dans une moindre mesure, le Barça n'ont pas eu à le regretter. Et, dès sa prise de fonction de sélectionneur national en 2012, Didier Deschamps a très vite suivi les exploits de ce jeune pur-sang chez les fiers Ibères.

L'ancien champion du monde 1998 a très vite senti le potentiel du garçon. Il lui manquait une pièce à son puzzle et, se fondant sur le champ dans le système « DD », Antoine Griezmann est, depuis, lié à tout jamais à l'épopée des Bleus sous l'ère Deschamps. Même s'il ne lui a accordé aucun passe-droit, n'hésitant pas à le mettre sur le banc, par exemple au début de l'Euro 2016, le sélectionneur savait très bien ce que lui apportait le Mâconnais, sur et en dehors des terrains.

Technicien hors-pair, buteur régulier, altruiste à souhait, déclencheur d'envolées offensives sur le pré mais souvent sous-coté, « Grizou » est aussi précieux dans le vestiaire. Sa bonne humeur, sa détermination et son esprit pétillant rejaillissent sur tout le groupe. Et lui que l'on considère comme un joueur au bagage complet (« Griezmann "pue" le football », insistent les spécialistes) sait intervenir à bon escient auprès de ses partenaires à la mi-temps pour rappeler les principes de base d'un compétiteur de haut niveau.

Amateur de défis, le Mâconnais n'a pas choisi au départ la solution de facilité, en rejoignant l'Atlético en 2014. Considéré comme rugueuse et accrocheuse, sous influence d'un Diego Simeone pragmatique, à l'intransigeante rigueur, bien dans l'ADN du technicien argentin, cette équipe des *Rojiblancos* n'est a priori pas un « club de poètes ». Il faut aller à la baston ! L'alchimie est cependant telle qu'Antoine Griezmann s'est fait une place de choix dans l'effectif et a toujours accepté le sacrifice d'un travail défensif aux quatre coins du terrain. Les puristes regretteront que le Français n'ait pas opté pour un football plus emballant, mais lui ne regrette rien, ne rechignant jamais au travail de l'ombre.

Ses coups de patte magiques, avec ce pied gauche inégalable, son sens de l'anticipation et son étonnant jeu de tête, pour un gabarit si modeste, ébahissent depuis plus d'une décennie les supporters. Antoine aime le spectacle, mais ne fait jamais le geste de trop. Avec lui, tout est une question de dosage. Si c'est souvent audacieux, ce n'est jamais gratuit pour épater la galerie. Équilibre parfait entre froid réalisme et beauté du geste. À l'image de ses qualités intrinsèques, même la célébration de ses buts ne manque pas d'originalité. Le bambin espiègle à ses débuts a été sacré champion du monde. Tant pis pour les sceptiques : Antoine Griezmann fait bien partie du cercle restreint des mythes qui ont décroché l'étoile et fait la gloire du football français !

Nicolas Gettliffe

Jour de Liga avec l'Atlético, contre Grenade.

L'INSOUCIANCE D'UN « GRIGNETTE »

Plus préoccupé par son ballon que par son cartable, le petit Antoine a vécu une enfance heureuse sur les bords de Saône. Dans le quartier des Gautriats, à Mâcon, le blondinet n'avait qu'une obsession : le ballon rond !

Les volets bleu azur de la maison familiale en portent encore les stigmates. Rue de Bourgogne, Isabelle et Alain Griezmann subissent souvent les incessantes frappes du petit Antoine contre les portes. Sa mère est parfois obligée d'*élever la voix pour que* cesse le boucan. Après ses années de maternelle à l'école du Petit Prince – ça ne s'invente pas ! –, le futur stratège des Bleus poursuit sa scolarité en primaire à Georges-Brassens. « C'était un gamin très agréable qui ne jurait que par le football », se souvient l'une de ses institutrices, Catherine Guérin.

Bon, au fond de la classe, Antoine n'est pas toujours assidu, mais ce n'est pas un « Ducobu » non plus. Juste un peu turbulent. « J'étais du genre à découper une gomme en morceaux, avant de les lancer sur les copains », n'a pas oublié l'élève Griezmann. « Quand ma mère me demandait le soir si j'avais fait mes devoirs, bizarrement, je n'en avais jamais ! » Le gamin est bien trop obnubilé par son ballon. « Dès qu'il a commencé à marcher, il a eu une balle dans les pieds. Il passait son temps à jongler », se remémore Christophe Grosjean, l'un de ses amis d'enfance.

GRIEZMANN
7

« Tio Mario » do Portugal

Il faut dire que, dans la famille, le football a une place à part. Son grand-père maternel, Amaro Lopes, était un défenseur acharné après-guerre, sous le maillot de Paços de Ferreira. À Noël 1957, la famille quitte le Portugal alors exsangue et celui que l'on surnomme « Tio Mario » trouve vite un job dans le bâtiment du côté de Mâcon. Deux décennies plus tard, le fils José s'illustre à l'ASPTT Mâcon et son frère Manu, aux Portugais de Mâcon. Dans l'effectif, ce dernier sympathise avec un certain Alain Griezmann qui côtoie la famille, avant de tomber amoureux de la jeune sœur, âgée de vingt ans, Isabelle. De leur union naîtra Maud d'abord, avant les deux petits frères, Antoine et Théo.

Le grand-père Amaro meurt en 1992 et Antoine n'a aucun souvenir de lui puisqu'il n'était qu'un charmant poupon lors de ses adieux. Au bas des immeubles de la Chanaye, où vivent ses grands-parents paternels, Antoine Griezmann use ses baskets à taper dans la balle. Dès ses cinq ans et demi, le bambin débute en club, au stade Nord de Mâcon. Il ne participe qu'aux entraînements, trop jeune pour prendre part aux matches. « Le plus frappant, c'était son amour du jeu », reste marqué David Guérin, l'un de ses premiers éducateurs chez les débutants à l'UFM. « Dès que nous mettions une activité en place, il était là ! Il était tellement heureux sur le terrain. Le foot, c'était déjà sa vie. »

Un autre entraîneur, Bruno Chetoux, met en avant la spécificité du garçon : « On a vu d'emblée que c'était un bon joueur. Mais, le plus étonnant, c'est qu'à cet âge, les enfants doués sont plutôt personnels. Pas lui ! Il était déjà dans un état d'esprit collectif. » Quant à Patrick Montero, le président de l'UFM, il n'en est toujours pas revenu : « Il fallait sortir Antoine du terrain après les entraînements. Il tirait encore au but quand les autres étaient au vestiaire. » Surclassé avec les « 1990 », Antoine surprend tout son monde, y compris le gardien de but Jérôme Belleville : « Il était frêle pour son âge. Antoine jouait ailier gauche ou avant-centre. Il avait déjà une bonne patte gauche et une vision du jeu différente des autres. »

Dans les bras de papa Alain !

Déjà en « Coupe du monde »

Spectateur privilégié du talent de son fils, Alain, d'origine alsacienne – le patronyme Griezmann était attribué aux hommes qui ramassaient le gravier dans les carrières –, développe une première analyse : « Antoine était doué techniquement. Dès qu'il a commencé à jouer à onze, on a vu réellement que, sur le terrain, il avait un potentiel, supérieur aux autres gamins. Il y en avait plusieurs issus de la préformation à Clairefontaine et Antoine était vraiment au-dessus. »

Fan de la tartiflette de maman, le minot a une gueule d'ange mais Isabelle prend des tours dès qu'il s'agit d'évoquer l'école. « Je jetais mon sac n'importe où dès que je rentrais, et je filais à l'entraînement », s'amuse le malicieux fiston. Même quand il quitte la classe, il rameute ses camarades et organise sa propre « Coupe du monde » dans la cour. « À la récréation, non seulement il mettait en place les équipes, mais Antoine leur faisait aussi chanter les hymnes », lâche Manuel Goncalves, le président de l'Union Football de Mâcon, encore secoué par les rires.

Adolescent, Antoine est de plus en plus performant balle au pied. Mais le jeune Bourguignon est loin d'avoir achevé sa croissance. « Le problème est qu'il était "grignette", comme on dit chez nous, ça veut dire fragile », témoigne le même Manuel Goncalves. « Son père a voulu l'inscrire dans des centres de formation réputés, comme à Lyon, à Saint-Étienne, à Sochaux ou à Auxerre mais, à chaque fois, on lui disait que son môme était trop petit ou trop maigre. » Tout semble sur le point d'être ficelé avec le FC Metz, mais le club lorrain se rétracte au dernier moment. Pour l'anecdote, les Grenats avaient déjà loupé, dans les années 1970, un certain Michel Platini, finalement redirigé vers Nancy !

Le coup de la chaussette

En 2003, Antoine n'a que douze ans, lorsqu'il passe un test du côté de Montpellier. « J'étais le seul à ne pas avoir le survêt' du club », réplique le Mâconnais. « Tous les gosses étaient bien habillés, sauf moi qui portais un T-shirt "Jamaica" ! » Détecteur de jeunes talents pour la Real Sociedad, Éric Olhats suit le tournoi et remarque le freluquet, intrépide dès qu'il faut tripoter la balle. Le scout au regard aiguisé tend à Antoine sa carte de visite et lui lâche, pendant que le surdoué se désaltère : « Tu diras à tes parents de m'appeler. » L'ado n'y prête guère attention, glisse la carte dans sa chaussette et repart vivre sa passion sur le pré. Une fois la journée terminée, le futur international oublie cette brève rencontre, simple péripétie à ses yeux.

« Croyez-moi ou pas, mais la carrière d'Antoine Griezmann tient à cette chaussette », raconte Manuel Goncalves, le dirigeant mâconnais, qui y voit là comme un signe du destin. « Sa maman l'a retournée avant de la mettre au lave-linge, puis a découvert la fameuse carte de visite. » Incrédule, Isabelle attend le retour d'Alain le soir, revenu de sa fonction de gardien à la MJC du coin, et lui tend ladite carte, celle d'Éric Olhats. Le contact sera établi dans les plus brefs délais avec le futur mentor d'Antoine Griezmann au Pays basque. Bientôt, la vie de l'adolescent va être totalement chamboulée. La gloire est en marche.

Le temps de l'innocence sous le maillot de l'équipe de Mâcon et avec son frère Théo.

La tragédie du 13 novembre 2015

En cette soirée de sinistre mémoire, sur la pelouse du Stade de France, Antoine Griezmann et ses coéquipiers ne le savent pas encore. Une série d'attentats se déroule au moment même où les Bleus affrontent, en match amical, la sélection allemande qu'ils s'apprêtent à dominer (2-0). Très vite informés de la situation, Didier Deschamps et ses joueurs décident de s'isoler dans le vestiaire, tout en suivant les événements dramatiques qui se produisent en plein cœur de Paris. D'ailleurs, tout a débuté autour de l'enceinte dionysienne, au début de la rencontre, lorsque deux kamikazes se sont fait exploser aux alentours.

Sidéré mais calme, le public est bloqué à même la pelouse, avant que les forces de l'ordre sécurisent le périmètre. Sous le choc, le numéro 7 apprend que sa sœur Maud assiste au concert des *Eagles of Death Metal* au Bataclan. La salle de spectacle, en plein cœur de la capitale, est alors sous le feu des tirs des terroristes. Dans son autobiographie *Derrière le sourire*, Grizou raconte ces minutes d'anxiété : « Après le match, j'ai cherché à la joindre. Elle ne répondait pas. J'ai laissé des messages. Je suis allé sous la douche, avant de rapidement rejoindre mes parents dans le salon des joueurs. Ils m'ont confirmé qu'elle était au Bataclan, avec un ami. Nous avons eu très peur.

Sa sœur Maud toujours à fond derrière Antoine

L'angoisse était puissante. Impossible de savoir si elle allait bien. Elle a fini par décrocher. Maud parlait à voix basse. Puis la conversation a été coupée. De nouveau, son téléphone ne répondait plus. Très tard dans la nuit, elle a pu appeler ma mère, en lui expliquant qu'elle était sortie après l'intervention des policiers. Elle s'était réfugiée dans un restaurant, avec d'autres survivants, alors que la police continuait les opérations à l'extérieur. Le soulagement a été extrême. Je remercie celui qui est en haut. »

De son côté, Maud, devenue l'agent de son frère footballeur, a fait preuve d'une extraordinaire résilience et ne remerciera jamais assez son cadet de l'avoir accompagnée : « Antoine, c'est quelqu'un de très pudique. Il m'a juste dit : "Voilà, ça t'est arrivé. J'en ai conscience, je sais que tu es quelqu'un de fort. Tu iras désormais de l'avant..." Depuis ce jour on n'en a jamais reparlé. »

> ***« Si je n'avais pas été refusé partout, je ne serais probablement pas là où j'en suis. »***
>
> **ANTOINE GRIEZMANN**

> ***« Contrairement à l'image de timide qu'il renvoie, Antoine est un déconneur. Il rigole tout le temps. Il sait trouver le bon mot pour chambrer les uns et les autres, mais toujours avec bienveillance. Il a aussi beaucoup d'autodérision. C'est quelqu'un qui aime les gens et déteste les conflits. C'est très rare de ne pas s'entendre avec lui. »***
>
> **MAUD GRIEZMANN**

UN DIFFICILE APPRENTISSAGE

Coupé de sa famille dès l'âge de treize ans, le jeune Bourguignon découvre le Pays basque, mais surtout le travail au quotidien d'un apprenti champion. Déraciné, Grizou a fait preuve de caractère.

Incorporé au sein de l'académie Zubieta, le centre de la Real Sociedad, à Saint-Sébastien, de l'autre côté des Pyrénées, Antoine Griezmann change de planète. Fini le temps de l'innocence pour le « Petit Prince ». S'il poursuit ses études de collégien à Bayonne, le prodige est conduit chaque jour par Éric Olhats, de l'autre côté de la frontière, sur les terrains de la province du Guipuscoa.

Loin de sa famille, les premiers temps sont vraiment délicats. Et quand il revient sur Mâcon certains week-ends, les retours en avion vers Biarritz ressemblent à un traumatisme. Avant d'embarquer à l'aéroport Saint-Exupéry à Lyon, le jeune homme craque souvent au moment de quitter ses proches. Maman Isabelle est proche de retenir son fils qu'elle sent malheureux, mais Alain le père insiste. Lui sent que, si le cap est certes difficile à franchir, l'avenir d'Antoine se joue à cet instant.

Un accord tacite a été trouvé avec Éric Olhats pour ne pas imposer l'internat au champion en devenir. Le conseiller héberge l'adolescent chez lui et devient son père de substitution. « Le gamin en a vraiment bavé », reconnaît Manuel Goncalves, le président de l'UF Mâcon, qui suit de près l'évolution de la pépite locale. « J'avoue ne pas lui avoir laissé beaucoup de liberté », se souvient Éric Olhats. « Mais j'ai dû rater quelques clopes et quelques filles… C'est d'ailleurs les seuls domaines pour lesquels il ne me disait rien ! »

Persuadé que le petit Griezmann a de l'or dans les pieds, l'éclaireur de la Real Sociedad accepte les sacrifices : « Il perturbait mon quotidien. Je devais faire la bouffe, des machines à laver sans arrêt, l'emmener au McDo… Je n'avais plus de grasses matinées, je ne pouvais plus aller seul sur les terrains le week-end. » Si Antoine garde son humeur joyeuse, c'est parfois tendu entre l'éducateur et son protégé.

Le Rayo Vallecano au supplice devant le talent du jeune Français.

Entraînement improvisé

Au printemps 2006, après un entraînement quelconque, il sort Antoine Griezmann de sa chambre, histoire de le secouer, avant de le jeter dans sa voiture. « Une fois arrivés sur une place de Bayonne, nous avons sorti les plots et les ballons de mon coffre pour bosser sur ce qui n'allait pas », se remémore le dénicheur inflexible. « C'était artisanal et on avait l'air de deux branquignols à minuit. Je ne suis pas un magicien mais, aujourd'hui encore, si on le demande à Antoine, il avouera que cet épisode est le déclic de sa jeune carrière. »

La prise de conscience est immédiate : l'apprenti footballeur, jusqu'ici fragile mentalement et trop dilettante, se met au diapason, encaisse les doses de travail foncier et la répétition des gammes, tout en gardant son infinie fraîcheur et son coup de patte tranchant. Sous les ordres de ses formateurs, le petit *Francés* se plie aux ordres et prend du volume. Des mois à serrer les dents pour ne rien lâcher et progresser. « Aujourd'hui, je profite à fond. Mais, derrière le sourire, j'en ai vraiment bavé. Avant d'y arriver, j'ai souvent pleuré », témoigne « Grizi ». Un sacrifice qui, tout compte fait, ne s'est pas révélé inutile.

PREMIÈRE RENCONTRE AVEC ZIDANE

Pas peu fier, lors d'une journée de Liga, Antoine Griezmann est désigné, avec quelques autres apprentis du centre Zubieta, ramasseur de balles lors de la venue du Real Madrid à Anoeta, le stade de la Real Sociedad. Le futur international n'a rien oublié de la péripétie vécue au coup de sifflet final : « Sitôt le match fini, j'ai sauté par-dessus un panneau publicitaire et je me suis précipité sur Zinedine Zidane ! Je lui ai demandé son maillot, mais il l'avait déjà échangé avec un joueur. Constatant ma déception, il m'a lancé : "Suis-moi !" Je l'ai accompagné jusque devant le vestiaire et pensais qu'il allait m'offrir une photo, un autographe ou que sais-je encore. Finalement, Zizou m'a tendu le short avec lequel il venait de jouer. Je n'y croyais pas ! » Le meneur des Galactiques transformé en père Noël : tout est possible dans le sport !

AZERBAIJAN
LAND OF FIRE

RESPECT
BASQUE
COUNTRY

« GRIZOU » DANS LE GRAND BAIN

Au printemps 2010, le jeune Mâconnais signe son premier contrat professionnel avec la Real Sociedad. Désormais ancré dans la culture basque, il va rapidement devenir l'élu des supporters.

Jamais sans son caleçon Bob l'éponge ! C'est devenu une habitude, presque une superstition. Avant chaque match, Antoine Griezmann enfile sous le short son sous-vêtement préféré. Surtout depuis ce 2 septembre 2009 lorsque Martin Lasarte, l'entraîneur uruguayen de la Real Sociedad, le fait débuter au sein de l'équipe première, lors d'un match de Copa del Rey. Remplaçant au début du match contre le Rayo Vallecano, le jeune Français doit patienter la 80e minute pour remplacer Carlos Bueno, le buteur attitré de l'équipe des *Txuri-urdinak* (les « Bleu et Blanc », en basque).

Sur la pelouse d'Anoeta, le stade de Saint-Sébastien, Grizou a les yeux qui pétillent aux côtés de l'ailier gauche colombien Jonathan Estrada, du meneur espagnol Sergio Rodriguez et surtout de son pote, Emilio Nsue, prêté par le RCD Mallorca. Quatre jours plus tard, il débute en Liga 2 contre Murcie (0-0), avant de planter une première banderille, fin septembre, en *Segunda Division* contre Huesca : Antoine Griezmann inscrit son tout premier but à ce niveau. Ses premières chevauchées coïncident avec un événement considérable pour la Real Sociedad au terme de la saison : l'accession au sein de l'élite espagnole.

Carlos Bueno, vrai professeur

Le 13 juin, avec l'Ikurriña (le drapeau basque) sur les épaules et la txapela (le célèbre béret) vissée sur la tête, Antoine monte sur l'estrade des vainqueurs, pour chanter à tue-tête : « Campeones ! Campeones ! Ohé ! Ohé ! *Ohé !* » La joie est d'autant plus grande que le Bourguignon vient d'apposer sa signature en bas de son premier contrat de footballeur professionnel. Le premier à le féliciter n'est autre que Carlos « *El Loco* » Bueno – que « Grizi » surnomme aussi « Charly Good » –, son partenaire de l'attaque.

Si l'Uruguayen n'a été prêté par le Peñarol, véritable institution à Montevideo, qu'une seule saison, son influence fut considérable sur ce débutant au talent évident, mais sans repère. Carlos Bueno se souvient : « J'ai voulu expliquer à Antoine de quoi était fait l'avenir d'un joueur professionnel, ce qui dépend de lui et ce qu'il doit faire pour sa propre carrière. » À bientôt trente ans, l'Uruguayen, pourtant juste de passage, se prend d'amitié pour le jeune loup et, après l'entraînement, accorde du rab à l'espoir à la bonne poire. Les deux compères révisent les centres, les coups francs, le jeu de tête et même l'art du placement dans la surface.

« C'était un garçon qui vivait le foot et les matches à cent à l'heure. Il apprenait à une vitesse vertigineuse. » Le novice Griezmann révise avec application pour améliorer sa détente sur les ballons aériens. Le secret est de savoir rester suspendu dans les airs, à se démarquer, tout en se servant de ses bras à bon escient et de son corps au moment de l'impulsion pour sauter. Malgré sa taille modeste, le Français devient rapidement un excellent joueur de tête. « Quand je vois aujourd'hui Antoine marquer de la sorte, je pense inévitablement à Carlos Bueno », concède l'entraîneur Martin Lasarte. « Ils ont la même gestuelle. »

Preuve de la complicité entre les deux hommes : le 5 juin 2010 contre Cadix, Carlos Bueno s'offre un triplé, à la suite de trois passes décisives signées… Antoine Griezmann !

Jouer ou conduire, il faut choisir

En dehors du terrain, les deux hommes passent leur temps à ingurgiter des rencontres du championnat uruguayen. Le Mâconnais se délecte de la *grinta* des joueurs sur les bords du Rio de la Plata. Il s'imprègne d'autant plus facilement du style des représentants de la *Celeste* que beaucoup débarquent, au fil des mois, dans l'effectif de la Real Sociedad : Diego Ifran, Chori Castro, José Maria Giménez, Cristian Rodriguez, Oscar Ortega, sans oublier Diego Godin.

À leurs côtés, l'espoir tricolore découvre ces étranges infusions, à base de yerba maté, qui stimule le système nerveux, tout en étant un excellent relaxant musculaire.

Le 29 août 2010, c'est le grand jour ! Avec son numéro 7, Antoine Griezmann s'apprête à disputer son tout premier match de Liga, lors de la venue de Villarreal à Anoeta. Xabi Prieto ouvre le score avant l'heure de jeu et, quatre minutes plus tard, le palpitant s'emballe. Le Français remplace Franscisco Sutil. Une victoire porte-bonheur (1-0) pour le promu et son petit prodige. Deux mois plus tard contre le Deportivo La Corogne (3-0), c'est l'extase : Grizou marque son tout premier but chez les pros.

« Grizou » déjà à l'aise face aux médias.

La France découvre ce surdoué lors d'un barrage européen contre l'Olympique Lyonnais.

Sous les ordres de Martin Lasarte, son premier coach à la Real Sociedad.

Pour fêter son exploit, le Mâconnais ne trouve rien de mieux que de grimper à bord d'une voiture, installée derrière le but par une marque automobile, sponsor du club basque, et de faire semblant de la conduire. Ça lui vaudra un carton jaune. Simple facétie qui lui ressemble bien.

Du côté d'Alicante, il marque encore, mais la Real Sociedad s'incline (1-2). Antoine est consolé par un ancien champion du monde 1998 admiratif, David Trezeguet, qui boucle sa carrière à Hercules. Puis, en avril 2011, le « poison » bourguignon claque son premier doublé, lors d'un match contre le Sporting Gijón (2-1), permettant à la Real Sociedad, 15e au classement, de sauver sa tête dans les hautes sphères du football ibérique.

Antoine le Magicien

Devenu très ami avec Diego Rivas au sein de l'effectif *txuri-urdin*, Antoine se fond sans problème dans le cadre local. « Il était tellement sympa, enjoué, toujours prêt à s'amuser », se souvient le milieu défensif venu de Castille. « Il était sans arrêt en train de blaguer et de chambrer. » Le public l'adule et les médias basques, mais aussi espagnols, sont sous le charme. Les superlatifs s'enchaînent à la une des journaux : « SuperAntoine », « Fabuloso », « El Mago » (le Magicien) ou encore « El Angel caido del cielo » (l'Ange tombé du ciel).

Devant de telles prestations, les dirigeants de la Real Sociedad réagissent de façon fulgurante et proposent au Français une prolongation de contrat jusqu'en 2016. Histoire d'assurer leurs arrières et d'échapper à toute velléité de transfert juteux sous d'autres cieux. Seulement, le début de saison n'est pas celui escompté : le club basque végète en bas de tableau et « Grizi » panse ses plaies, blessé pour plusieurs semaines. L'arrivée de Philippe Montanier sur le banc permet à la Real Sociedad non seulement de redresser la barre, mais surtout d'enchaîner une série de quinze matches sans défaite.

De retentissantes victoires contre le Barça (3-2), puis contre l'Atlético (1-0) placent la formation des *Txuri-Urdin* aux portes d'une qualification en Ligue des champions. « La C1, c'est la petite musique », s'enthousiasme Antoine Griezmann. « Je me suis souvent imaginé en train de la disputer, en la regardant à la télé. Ce serait merveilleux d'y arriver avec mon club formateur. » Vœu exaucé au terme de la saison 2012-2013 : quatrième au classement de la Liga, la Real Sociedad se qualifie pour les barrages de la plus prestigieuse compétition en Europe.

Durant cet exercice 2012-2013 à marquer d'une pierre blanche, Antoine est devenu le cinquième plus jeune joueur à atteindre la barre symbolique des cent matches en Liga. Sur le plan personnel, depuis quelques mois, le Mâconnais a quitté Bayonne pour s'installer à Saint-Sébastien, coupant définitivement le cordon ombilical avec Éric Olhats. L'été suivant, le tirage au sort de cette Champions League alléchante réserve une drôle de surprise au Français : le barrage devra se disputer contre l'Olympique Lyonnais !

Complicité totale avec Carlos Bueno.

Bijou à Gerland

La situation est d'autant plus cocasse que les Gones ont dans le viseur le phénomène. Mais lui n'a pas oublié que les clubs français l'ont systématiquement rejeté durant tout son parcours formatif. Sans esprit de revanche, Antoine Griezmann réussit deux prestations remarquables contre un OL dépassé. Au match aller à Gerland, il réalise une splendide reprise acrobatique pour ouvrir le score et, au retour au Pays basque, il offre une passe décisive au Mexicain Carlos Vela. La Real Sociedad ne tremble pas (2-0, 2-0) pour franchir l'antichambre de la grande Ligue des champions. Inexpérimentés, les joueurs de Philippe Montanier vivront ensuite une campagne plus morose durant la phase de poules, n'accrochant qu'un pauvre match nul (0-0 contre Manchester United) pour cinq défaites.

En février 2014, le Mâconnais inscrit le 15e de ses 20 buts de la saison, contre le FC Barcelone (3-1). Des rumeurs persistantes gonflent dans l'Hexagone depuis quelque temps : Didier Deschamps lorgnerait vers Saint-Sébastien pour donner sa chance au « Petit Prince » en équipe de France. À quelques jours d'un match de préparation contre les Pays-Bas, en vue de la Coupe du monde au Brésil, c'est confirmé au siège de la Fédération : le sélectionneur retient pour la première fois Lucas Digne et Antoine Griezmann.

Interrogé sur son choix, le patron des Bleus salue le bizut : « Antoine est très efficace, il marque beaucoup de buts et fait marquer. Il est aussi à l'aise sur les deux côtés, avec beaucoup de justesse technique. » Le printemps sera radieux, même si le néo-international prépare ses cartons et s'apprête à tourner la page basque.

> ***« En Liga, même le dernier du classement va attaquer. C'est un jeu basé sur la possession de balle. C'est ce qui représente l'Espagne. »***
>
> CARLOS BUENO

L'EFFROI DE LA PREMIÈRE GORGÉE

Curieux de savoir ce que boit régulièrement son équipier Carlos Bueno, chez qui il est toujours fourré, Antoine Griezmann ne va pas être déçu. L'attaquant du Peñarol lui tend le récipient, sorte de calebasse, d'où émerge une paille appelée *bombilla* : « Allez, vas-y, goûte ! » Du bout des lèvres, le Mâconnais se lance, avant de pratiquement s'étrangler : « *Hijo de p… !* Mais qu'est-ce que c'est que ce truc ? C'est hyper amer et fort. »

Une fois la surprise passée, le « Petit Prince » finit par s'habituer et y prend goût, devenant un accro de l'infusion, prisée en Amérique du Sud, notamment par les Indiens Guaranis. « J'en consomme tout le temps », reconnaît maintenant le Français. « Ça me réveille ! Malgré les contrôles, aucun produit dopant n'a été détecté dans mon sang. Sinon, ça se serait mal passé », rassure le plus uruguayen de nos Gaulois, définitivement adepte de cette potion magique.

ESPOIRS : PAS DE DANSE ET PATAQUÈS

Durant l'automne 2012, les Espoirs français jouent un barrage en vue de se qualifier pour l'Euro de leur catégorie. Après le match aller contre la Norvège, quelques-uns d'entre eux, dont Antoine Griezmann, ont la riche idée de monter à Paris...

Vendredi 12 octobre au stade Océane du Havre, les Bleuets d'Erick Mombaerts disputent devant le public normand leur match aller de barrage contre la Norvège, en vue d'une qualification pour l'Euro 2013. Raphaël Varane ouvre le score et, sur le banc au coup d'envoi, Antoine Griezmann doit patienter la 77e minute pour remplacer Rémy Cabella. Le résultat est certes positif (1-0), mais la marge de manœuvre des Espoirs est infime à quatre jours du retour en Scandinavie.

Pas de quoi triompher... Pourtant, certains éléments décident de se rendre à Paris, pour sortir en discothèque sur les Champs-Élysées ! Et c'est ainsi que Wissam Ben Yedder, Chris Mavinga, Yann M'Vila, M'Baye Niang et Antoine Griezmann quittent en catimini l'hôtel et sautent dans un taxi. Évidemment, parmi le staff des Bleuets, personne n'est au courant de cette virée improvisée sur la plus belle avenue du monde. Les joueurs ont prétexté une visite à un pote au Havre.

Commission de discipline

Le lendemain, la version sera tout autre et Erick Mombaerts, mis au parfum et abasourdi par la nouvelle, convoque le capitaine Sébastien Corchia et le vice-capitaine Eliaquim Mangala pour connaître leur avis, mais surtout prendre une décision contre les fautifs. De façon collégiale, il est décidé de ne pas écarter dans un premier temps les cinq experts de la « grande évasion », avant de transmettre le dossier aux instances dirigeantes de la Fédération.

Finalement, tout le monde embarque pour Drammen, en vue de la manche retour. Effet boomerang ou pas ? Au terme de la première demi-heure, les Espoirs norvégiens mènent déjà 3-0. Débute une course contre la montre. Les Bleuets réagissent, reviennent à 1-3 puis à 3-5, avec un dernier but signé Antoine Griezmann, mais le mal est fait. L'équipe de France est éliminée de l'Euro, programmé sept mois plus tard en Israël.

Convoqués devant la commission de discipline de la FFF, les cinq spécialistes du dancing sont suspendus jusqu'en janvier 2014 de toute sélection, soit durant plus d'un an. Erreur de jeunesse. Face à la sanction, Antoine Griezmann ne moufte pas et prend conscience de son erreur. Il ne fait pas appel de la décision. « Pour la bonne et simple raison que, quand tu fais une connerie, il faut assumer », admet-il, bien décidé à ne jamais renouveler l'expérience et à s'acheter une conduite.

Son premier
BUT EN ÉQUIPE DE FRANCE U19

Jeudi 4 mars 2010, match amical – Stade de Saint-Denis-de-L'Hôtel (Crébezeaux)
France – Ukraine : 2-1 (0-0)
Buts : Lacazette (63e) et Griezmann (88e) pour la France ; Koval (53e) pour l'Ukraine
FRANCE U19 : M. Vidal – Mavinga (Faure, 46e), W. Boly (Kolodziejczak, 78e), Bussmann, Sasso – Coquelin, Grenier (Sunu, 46e), Reale, Kakuta (Tafer, 46e) – Lacazette (Griezmann, 69e), Bakambu. Entr. : F. Smerecki.

Déjà décisif chez les « Bleuets ».

Son premier TITRE EN SÉLECTION :

Vendredi 30 juillet 2010, Euro U19, finale – Stade Michel-d'Ornano (Caen)
France – Espagne : 2-1 (0-1)
Buts : Sunu (49e) et Lacazette (85e) pour la France ; Rodrigo (18e) pour l'Espagne
FRANCE U19 : A. Diallo – Nego, Mavinga, Faure, Kolodziejczak – G. Fofana, Coquelin, Kakuta, Sunu (Lacazette, 69e) – Griezmann (Tafer, 46e), Bakambu. Entr. : F. Smerecki.

Son premier MATCH EN ESPOIRS :

Mardi 16 novembre 2010, match amical – Stade Léon-Bollée (Le Mans)
France – Russie : 0-1 (0-0)
But : Gatagov (63e) pour la Russie
FRANCE ESPOIRS : Delle – Corchia, Stambouli, A. N'Diaye (Mangala, 62e), Makonda (Tabanou, 46e) – Saivet (N. Mendy, 80e), M. Sissoko, Pajot (B. André, 62e), M. Gueye (Griezmann, 62e) – Obertan (Brahimi, 46e), N'Gog (Rivière, 62e).
Entr. : E. Mombaerts.

Son premier BUT EN ÉQUIPE DE FRANCE U20 :

Mercredi 10 août 2011, Coupe du monde U20, 1er tour – Estadio Olimpico Jaime Moron Leon (Carthagène, Colombie)
France – Équateur : 1-0 (0-0)
But : Griezmann (75e) pour la France
FRANCE U20 : Ligali – Nego, Faure, Kolodziejczak, G. Fofana – Koulibaly, T. Fontaine, Coquelin, Grenier, Sunu (Reale, 88e) – Griezmann (Kakuta, 76e), Bakambu (Lacazette, 50e).
Entr. : F. Smerecki.

Son premier BUT EN ESPOIRS :

Samedi 2 juin 2012, qualification Euro – Stade Louis-Dugauguez (Sedan)
France – Lettonie : 3-0 (1-0)
Buts : Pajot (34^{e}), Griezmann (56^{e}) et Joseph-Monrose (78^{e}) pour la France
FRANCE ESPOIRS : Ahamada – Corchia, Mangala, Varane, Ghoulam – Pajot, Coquelin (Grenier, 54^{e}), Bulot, Brahimi (Joseph-Monrose, 64e) – Griezmann, Lacazette (Kakuta, 74e).
Entr. : E. Mombaerts.

LE BRÉSIL EN POINT DE MIRE

Redevenu sélectionnable, après sa suspension d'un an, Antoine Griezmann est appelé par Didier Deschamps. On est alors à cent jours de la Coupe du monde au Brésil. Le « Petit Prince » joue déjà son avenir en Bleu.

Il y a les tauliers habituels : Karim Benzema, Franck Ribéry, Bacary Sagna, Mathieu Valbuena, Paul Pogba, Hugo Lloris... Et, parmi les vingt-quatre noms énoncés par le sélectionneur au siège de la Fédération, deux noms inédits surgissent : celui du défenseur du PSG Lucas Digne, puis vient le tour d'Antoine Griezmann. Depuis six mois, les prestations de l'attaquant de la Real Sociedad plaident en sa faveur. Encore faut-il que Didier Deschamps ait passé l'éponge et, surtout, que le patron des Bleus souhaite élargir sa liste de prétendants, à trois mois du Mondial brésilien.

Forcément, tout le crédit est porté aux vainqueurs des Ukrainiens à l'automne précédent, lors d'un mémorable barrage retour au Stade de France (3-0). Oublié l'épisode malheureux en Espoirs, le Mâconnais rejoint bien Clairefontaine en mars 2014, cette fois pour se présenter au château, réservé aux A. « J'ai travaillé dur et c'est pourquoi je suis heureux de faire partie de cette équipe. Maintenant, le Mondial est un objectif, c'est un rêve pour n'importe quel joueur », lance Antoine Griezmann sur le site officiel de la Real Sociedad. Tradition oblige : il entonne sa petite chanson, le jour du premier repas en commun et, signe qui ne trompe pas, il pousse le refrain en espagnol, langue devenue sa seconde culture.

Une entrée décisive contre le Nigeria.

L'opportunité est toute trouvée de se faire une place dans l'effectif puisque Franck Ribéry, même s'il est retenu, est convalescent. « Je veux profiter à fond des quelques minutes que le sélectionneur compte me donner », annonce le gaucher bourguignon. « Je peux jouer à tous les postes, même gardien ! » Hugo Lloris est rassuré : Grizou est bien titulaire contre les Pays-Bas, ce 5 mars 2014 au Stade de France, mais pour épauler Mathieu Valbuena et Karim Benzema en attaque.

Papa Alain profite à fond

C'est d'ailleurs l'attaquant du Real Madrid qui ouvre le score, avant que Blaise Matuidi ne double la mise juste avant la pause (2-0). Auteur d'une première heure en bleu appliquée, le natif de Mâcon cède ensuite sa place à Loïc Rémy. « Je n'oublierai jamais cette première sélection. Tout a été nickel, ça va nous donner beaucoup de confiance, puisque les Pays-Bas étaient invaincus depuis deux ans », réagit le petit nouveau chez les Bleus après la rencontre. En tribune, papa Alain a profité à fond de la soirée : « Elle est gravée dans ma mémoire. C'était émouvant de voir le fiston fouler la pelouse. Le maillot des Bleus, c'est maintenant sa bouffée d'oxygène. »

Comme tous ses partenaires, le Basque d'adoption attend fébrilement, mi-mai, la liste de Didier Deschamps, présent en direct sur le plateau de TF1 pendant le journal télévisé. Les noms s'égrènent lentement dans la bouche du sélectionneur : « ... Rio Mavuba, Paul Pogba, Moussa Sissoko, Mathieu Valbuena... Attaquants : Karim Benzema... Antoine Griezmann ! » Sur les réseaux sociaux, le numéro 7 de la Real Sociedad jubile : *« Tellement heureux d'être dans les 23 !! Merci à tous pour vos messages, et merci à mes proches de m'avoir aidé ! »*

Une caresse comme premier but

Le 1er juin à l'Allianz Riviera de Nice, avant de s'envoler pour le Brésil, les Bleus disputent leur deuxième match de préparation contre le Paraguay. Cette fois remplaçant, le Mâconnais entre après l'heure de jeu, succédant à Loïc Rémy, pour sa troisième sélection. À la 82e minute, il hérite d'un ballon dans l'angle gauche de la surface sud-américaine, avant d'envelopper son tir. Sa caresse du pied droit lobe les défenseurs adverses et termine sa course dans le petit filet opposé. Même si le Paraguay finira par égaliser en toute fin de match (1-1), le but de Grizou valait le déplacement.

Une semaine plus tard, au stade Pierre-Mauroy de Villeneuve-d'Ascq, les Tricolores se rodent une dernière fois devant une Jamaïque éparpillée sur le terrain. Les Bleus déroulent à leur guise (8-0) et, même s'il n'est entré en jeu qu'à la 71e minute à la place d'Olivier Giroud, cela n'empêche pas Antoine Griezmann d'inscrire son premier doublé en sélection. Le lendemain, à 36 000 pieds d'altitude au-dessus de l'Atlantique, le petit dernier rêve de conquête en Amérique et, lorsque l'avion se pose, les Français débarquent au *país tropical* dans un costume d'outsiders.

Les Bleus s'installent dans leur camp de base de Ribeião Preto et le numéro 11 – à l'époque – se fond naturellement dans le collectif, mais ne veut surtout pas brûler les étapes. « Je m'entends très bien avec Paul (Pogba), Raphaël (Varane) ou Patrice (Évra) notamment, résume "Toine". En fait, je suis quelqu'un d'assez à l'aise dans un groupe. Au début, j'observe et, après, j'essaie de m'affirmer, de rigoler avec tout le monde, sans trop la ramener. Le chemin est encore long pour moi. »

Un premier tour débridé

Lorsque La Marseillaise retentit le dimanche 15 juin, à l'estádio Beira-Rio de Porto Alegre, la fierté se lit dans le regard d'Antoine Griezmann qui s'apprête, contre le Honduras, à disputer son tout premier match de Coupe du monde. C'est d'ailleurs le Mâconnais qui déclenche les hostilités, en plaçant un coup de tête sur la barre transversale du gardien Brayan Beckeles. Les Français obtiennent un penalty, mais c'est alors Karim Benzema le tireur attitré. Tout est fluide, les Tricolores s'imposent aisément (3-0) et Grizou distribue quelques « galettes » chaudes à l'attaquant du Real. Connexion établie.

Malgré ses débuts réussis, le gaucher en devenir reste sur la touche pour le rendez-vous suivant à Salvador de Bahia, contre la Suisse, tête de série du groupe. Avec Olivier Giroud et Mathieu Valbuena déchaînés, l'équipe de France n'en pâtit guère. Grizou assiste au festival de ses équipiers (5-2) et n'entre qu'à la 82e minute, en lieu et place du Marseillais. Déjà qualifiés, les hommes de Deschamps ne forcent pas contre l'Équateur au Maracanã (0-0).

Des larmes au Maracanã

Le turnover se poursuit en huitième de finale et, à Brasilia contre le Nigeria, Antoine Griezmann fait encore banquette durant la première heure. Il succède ensuite à Olivier Giroud et les Bleus débloquent la situation, d'abord par un coup de boule opportuniste de Paul Pogba. Le Mâconnais a la balle du 2-0 dans son pied gauche, mais le portier Vincent Enyeama repousse. Puis, dans le temps additionnel, Mathieu Valbuena centre au cordeau, Grizou se précipite au premier poteau. Les filets tremblent ! Sur le moment, le public est persuadé que le lutin tricolore a marqué son premier but dans un Mondial. En fait, du genou, Joseph Yobo a détourné dans sa propre cage.

Les Bleus retrouvent, le 4 juillet, le Maracanã pour le 58e match de ce Mondial 2014. Mais cette fois, c'est l'Allemagne qui se dresse sur la route des Bleus. Dès l'entame, Mats Hummels prend le meilleur de la tête sur Raphaël Varane et la *Nationalmannschaft*, toujours réaliste, se met en position idéale. Malgré une belle prestation, Antoine Griezmann, très remuant sur tout le front de l'attaque, comme ses partenaires, ne trouvera jamais la faille (0-1). Sur la pelouse mythique, au coup de sifflet final, Antoine ne peut retenir ses larmes. C'est le métier qui rentre et cette première expérience, somme toute positive, lui servira lors des prochaines campagnes.

Premier but avec les Bleus, contre le Paraguay à Nice.

SES CHIFFRES EN BLEU

Son premier MATCH EN COUPE DU MONDE

Dimanche 15 juin 2014, 1er tour - Estádio Beira-Rio (Porto Alegre)
France – Honduras : 3-0 (1-0)
Buts : Benzema (45e s.p., 72e) et Valladares (48e c.s.c.)
France : Lloris – Debuchy, Varane, Sakho, Évra – Cabaye (Mavuba, 65e), Pogba (Sissoko, 57e), Matuidi, Griezmann – Valbuena (Giroud, 78e), Benzema. Entr. : D. Deschamps.

Son premier MATCH EN ÉQUIPE DE FRANCE A

Mercredi 5 mars 2014, match amical – Stade de France (Saint-Denis)
France – Pays-Bas : 2-0 (2-0)
Buts : Benzema (32e) et Matuidi (41e)
France : Lloris – Debuchy, Varane, Mangala, Évra (Digne, 46e) – Cabaye, Pogba, Matuidi, Griezmann (Rémy, 68e) – Valbuena (Ribéry, 62e), Benzema. Entr. : D. Deschamps.

Ses stats EN ÉQUIPE DE FRANCE

U19 : 7 matches / 3 buts
U20 : 8 matches / 1 but
Espoirs : 10 matches / 3 buts
Équipe de France A : 127 matches / 109 titularisations / 9 593 minutes jouées / 44 buts / 30 passes décisives
7 penalties transformés entre 2016 et 2018 sans un seul échec

SES 92 COÉQUIPIERS CHEZ LES BLEUS

Joueurs sélectionnés	Matches ensemble	Joueurs sélectionnés	Matches ensemble	Joueurs sélectionnés	Matches ensemble
Hugo LLORIS	88	Dayot UPAMECANO	16	Kevin GAMEIRO	4
Olivier GIROUD	86	André-Pierre GIGNAC	15	Jonathan IKONÉ	4
Raphaël VARANE	85	Marcus THURAM	15	Florian THAUVIN	4
Kylian MBAPPÉ	69	Clément LENGLET	14	Axel DISASI	3
Paul POGBA	67	Léo DUBOIS	13	Boubacar KAMARA	3
Blaise MATUIDI	54	Layvin KURZAWA	13	Geoffrey KONDOGBIA	3
Benjamin PAVARD	50	Mike MAIGNAN	13	Rio MAVUBA	3
N'Golo KANTÉ	47	Wissam BEN YEDDER	12	Loïc RÉMY	3
Kingsley COMAN	46	Yohan CABAYE	12	Benoît TRÉMOULINAS	3
Moussa SISSOKO	42	Ibrahima KONATÉ	12	Jordan VERETOUT	3
Lucas DIGNE	40	William SALIBA	12	Benoît BADIASHILÉ	2
Adrien RABIOT	38	Mamadou SAKHO	11	Maxime GONALONS	2
Lucas HERNANDEZ	36	Morgan SCHNEIDERLIN	11	Matteo GUENDOUZI	2
Ousmane DEMBÉLÉ	35	Kurt ZOUMA	10	Jérémy MATHIEU	2
Laurent KOSCIELNY	33	Eduardo CAMAVINGA	9	Stéphane RUFFIER	2
Karim BENZEMA	32	Christophe JALLET	9	Brice SAMBA	2
Presnel KIMPEMBE	28	Randal KOLO MUANI	9	Jean-Clair TODIBO	2
Samuel UMTITI	28	Alexandre LACAZETTE	9	Ruben AGUILAR	1
Aurélien TCHOUAMÉNI	27	Ferland MENDY	9	Tiémoué BAKAYOKO	1
Corentin TOLISSO	27	Jonathan CLAUSS	8	Rémy CABELLA	1
Patrice ÉVRA	26	Mathieu DEBUCHY	8	Wesley FOFANA	1
Théo HERNANDEZ	23	Youssouf FOFANA	8	Clément GRENIER	1
Jules KOUNDÉ	22	Benjamin MENDY	8	Joshua GUILAVOGUI	1
Thomas LEMAR	22	Adil RAMI	8	Malo GUSTO	1
Anthony MARTIAL	22	Moussa DIABY	7	Nordi MUKIELE	1
Dimitri PAYET	22	Eliaquim MANGALA	7	Alassane PLÉA	1
Bacary SAGNA	22	Nabil FEKIR	6	Franck RIBÉRY	1
Steve MANDANDA	19	Alphonse AREOLA	5	Adrien TRUFFERT	1
Mathieu VALBUENA	17	Lassana DIARRA	5	Mapou YANGA-MBIWA	1
Steven NZONZI	16	Tanguy NDOMBÉLÉ	5	Warren ZAÏRE-EMERY	1
Djibril SIDIBÉ	16	Christopher NKUNKU	5		

Buts par quarts d'heure

- De la 1re à la 15e : 5
- De la 16e à la 30e : 7
- De la 31e à la 45e : 9
- 45e+ : 1
- De la 46e à la 60e : 5
- De la 61e à la 75e : 6
- De la 76e à la 90e : 11
- 90e+ : 0
- Prolongation : 0

Bilan avec les Bleus :

- 127 matches,
- 44 buts,
- 30 passes décisives

Ses 44 buts :

Allemagne (5), Albanie (3), Croatie (3), Pays-Bas (3), Arménie (2), Bosnie-Herzégovine (2), Bulgarie (2), Eire (2), Finlande (2), Galles (2), Islande (2), Jamaïque (2), Paraguay (2), Ukraine (2), Argentine (1), Australie (1), Biélorussie (1), Bolivie (1), Hongrie (1), Italie (1), Kazakhstan (1), Luxembourg (1), Moldavie (1) et Uruguay (1)

53 sélections rencontrées

8 : Allemagne (5), Pays-Bas (3)
6 : Danemark, Portugal
5 : Albanie (3), Croatie (3), Suède
4 : Eire (2), Islande (2)
3 : Belgique, Bulgarie (2), Espagne, Finlande (2), Suisse, Ukraine (2)
2 : Andorre, Angleterre, Argentine (1), Arménie (2), Australie (1), Autriche, Biélorussie (1), Bosnie-Herzégovine (2), Écosse, Galles (2), Gibraltar, Grèce, Italie (1), Kazakhstan (1), Luxembourg (1), Moldavie (1), Paraguay (2), Russie, Turquie, Uruguay (1)
1 : Afrique du Sud, Bolivie (1), Brésil, Colombie, Côte-d'Ivoire, Équateur, États-Unis, Honduras, Hongrie (1), Jamaïque (2), Maroc, Nigeria, Norvège, Pérou, Pologne, Roumanie, Serbie, Tunisie

Entre parenthèses, le nombre de buts inscrits contre ces sélections.

Où Antoine Griezmann a-t-il marqué ?

31 buts dans les stades français :

13 : Stade de France (Saint-Denis)
4 : Allianz Riviera (Nice)
4 : Groupama Stadium (Lyon/Décines)
3 : Vélodrome (Marseille)
2 : Pierre Mauroy (Lille/Villeneuve-d'Ascq)
2 : Roazhon Park (Rennes)
1 : La Beaujoire (Nantes)
1 : La Meinau (Strasbourg)
1 : Parc des Princes (Paris)

13 buts dans des stades à l'étranger :

2 : Kazan Arena (Kazan)
1 : Arena Kombëtare (Tirana)
1 : Ferenc-Puskas Arena (Budapest)
1 : Grbavica (Sarajevo)
1 : Johan-Cruyff Arena (Amsterdam)
1 : Josy-Berthel (Luxembourg)
1 : Loujniki (Moscou)
1 : Maksimir (Zagreb)
1 : Nijni Novgorod Arena (Nijni Novgorod)
1 : Signal Iduna Park (Dortmund)
1 : Vazgen-Sargsyan (Erevan)
1 : Zimbru (Chisinau)

Les larmes de déception, après l'élimination au Maracanà.

Une solide confiance avec Didier Deschamps.

« Grizou » trouve le chemin des filets contre les Paraguayens. Une grande première pour lui !

LES 10 MEILLEURS BUTEURS EN ÉQUIPE DE FRANCE

1. Olivier GIROUD	depuis 2011	57
2. Thierry HENRY	1997-2010	51
3. Kylian MBAPPÉ	depuis 2017	46
4. Antoine GRIEZMANN	**depuis 2014**	44
5. Michel PLATINI	1976-1987	41
6. Karim BENZEMA	2007-2022	37
7. David TREZEGUET	1998-2008	34
8. Zinedine ZIDANE	1994-2006	31
9. Just FONTAINE	1953-1960	30
Jean-Pierre PAPIN	1986-1995	30

LES 10 JOUEURS POSSÉDANT LE PLUS DE SÉLECTIONS

1. Hugo LLORIS	2008-2022	145
2. Lilian THURAM	1994-2008	142
3. Olivier GIROUD	depuis 2011	131
4. Antoine GRIEZMANN	**depuis 2014**	127
5. Thierry HENRY	1997-2010	123
6. Marcel DESAILLY	1993-2004	116
7. Zinedine ZIDANE	1994-2006	108
8. Patrick VIEIRA	1997-2009	107
9. Didier DESCHAMPS	1989-2000	103
10. Laurent BLANC	1989-2000	97
Bixente LIZARAZU	1992-2004	97
Karim BENZEMA	2007-2022	97

Statistiques arrêtées en mars 2024

AZERBAIJAN
LAND OF FIRE

MAILLOT ROJIBLANCO ET « EL CHOLO »

Tout juste revenu du Brésil, Antoine Griezmann paraphe un nouveau contrat avec l'Atlético de Madrid. Le Français change de dimension, notamment parfaitement drivé par Diego Simeone.

Tout juste le temps de digérer la déception de cette élimination en quart de finale du Mondial brésilien et « Grizi » quitte la Real Sociedad, son club formateur, pour relever un nouveau défi. Pour 30 millions d'euros, l'attaquant français s'engage à l'Atlético de Madrid. Dès qu'il arrive au centre d'entraînement à Majadahonda, il récupère le numéro 7, jusqu'à présent attribué à Adrián López, parti au FC Porto. Ses premiers pas sous le maillot *rojiblanco*, Antoine les effectue dans le plus prestigieux lieu des grands d'Espagne : le stade Santiago Bernabéu, l'antre de l'ennemi héréditaire, le Real Madrid. Il ne s'agit alors que de la Supercoupe d'Espagne, mais l'enjeu est quand même de taille.

Le Français découvre que les supporters de l'Atlético sont surnommés les « Indiens » parce qu'ils détestent l'homme blanc, qui rappelle la couleur du maillot de l'omnipotent voisin. Dans ce derby aller (1-1), en plein mois d'août, « Toine » remplace Saúl Ñíguez à la 57e minute, avant d'être titularisé lors du match retour. Les Colchoneros (les « Matelassiers », en référence à leur maillot rayé rouge et blanc) jouent encore dans le vétuste mais mythique stade Vicente-Calderón. Le Mâconnais délivre une passe décisive pour Mario Mandžukić, le Croate marque le but décisif (1-0) qui offre un premier trophée à Antoine Griezmann.

Aux côtés de Messi et Suarez

Pour les débuts en Ligue des champions, le Petit Prince trouve l'ouverture au Pirée, contre l'Olympiakos, mais le club grec surprend l'armada rojiblanca (3-2). Le Mâconnais patientera jusqu'au 1er novembre pour inscrire son premier but (avec un doublé même) en Liga, contre Cordoue (4-2). Il s'offre même un triplé le mois suivant, contre l'Athletic Bilbao (4-1) ! Le statut du numéro 7 a évolué et il est le premier à le confirmer : « Même le regard des arbitres a changé. Ils m'appellent "Griezmann" alors qu'avant, ils ne savaient même pas qui j'étais ! Ils avaient besoin de regarder mon nom derrière le maillot. Quand un joueur a du poids sur le terrain, qu'il peut changer le cours d'un match, les attentes sont plus fortes. »

En avril 2015, le néo-Madrilène est nommé dans l'équipe type du mois en Liga, aux côtés de Lionel Messi et de Luis Suarez. Pour sa première saison à l'Atlético, Grizou a disputé 53 rencontres pour 25 buts marqués. « Au début à l'Atlético, avoue-t-il sans détour, je ne prenais aucun plaisir. C'était chiant de courir partout. Mais, maintenant, je ne m'en rends plus compte. Je fais les efforts pour les coéquipiers, c'est devenu naturel. S'il faut faire des courses défensives, je les fais. »

S'il y en a bien un dont l'influence a été considérable sur l'implication d'Antoine Griezmann dans le jeu, c'est évidemment Diego Simeone. L'entraîneur argentin est un fondu de tactique radicale et demande à ses hommes une pression constante sur l'adversaire. « *El Cholo* m'a complètement changé », reconnaît le Français au sujet de son coach, véritable chef de gang. Ce dernier est conscient du potentiel de sa recrue : « Je considère qu'Antoine est beaucoup plus complet qu'un simple ailier. Il est d'accord pour se livrer davantage, afin de continuer à grandir. Nous devons exploiter toutes ses caractéristiques : les changements de direction, les diagonales courtes, le jeu entre les lignes, le jeu dos au but et un bon tir à mi-distance. »

« Griezmann était partout ! »

Dès le début de la saison 2015-2016, Antoine Griezmann devient un titulaire en puissance dans l'effectif *rojiblanco*. Dès la première journée en Liga, il offre le but de la victoire contre Las Palmas (1-0), sur un somptueux coup franc. Sur le même rythme, il entame la campagne européenne avec un doublé magistral contre Galatasaray (2-0), avant de récidiver de la même façon au retour (2-0) en Turquie ! Lors de la 8e journée du championnat espagnol, contre son club formateur, le Bourguignon ouvre le score, d'un petit ballon piqué, modèle du genre, mais ne célèbre pas son exploit contre la Real Sociedad, vaincue (0-2).

Le 27 février 2016, retour à Bernabéu, contre le Real de Zidane, devenu entraîneur. C'est « LE » match référence pour notre Antoine national ! Performant dans le pressing, réussissant des différences à chacune de ses prises de balle, Griezmann vole la vedette aux stars *merengues*. Arrive alors cette 53e minute. Après un rush décisif, le numéro 7 de l'Atlético décale le Brésilien Filipe Luís qui, auteur d'une passe en retrait, lui permet de tenter une demi-volée qui fissure le bel édifice de la « Maison blanche ». 1-0 pour les *Colchoneros* et la presse madrilène s'enflamme : « Griezmann était partout ! »

Avec le recul, le Français sait que le style de cet Atlético ultraréaliste, parfois au jeu restrictif, plaît moyennement au grand public : « Les gens ne sont pas ravis en regardant nos matches. Mais on a notre jeu et ça nous réussit. C'est physique, il faut courir, mettre des coups... ça marche ! Donc, on ne va pas faire autrement. Sur le plan défensif, je dois m'y plier mais, offensivement, j'ai carte blanche, le coach me laisse toute liberté. » Le 9 avril, le Mâconnais marque le 20e but de sa saison, contre l'Espanyol (3-1), et le célèbre en suçant son pouce, dédicaçant ainsi sa réalisation à sa fille, née la veille.

Un nouveau maillot pour un nouveau défi à l'Atlético.

Respect total pour Diego Simeone.

« Grizi » toujours proche des supporters.

Le gardien de Levante totalement lobé.

Encore un but dans son escarcelle contre Cordoue !

Hanté par un penalty

Le printemps continental est fructueux. Le numéro 7 claque un doublé en quart de finale contre le Barça, puis marque au match retour, à l'Allianz Arena, un but plus que décisif contre le Bayern. Malgré la défaite en Bavière (1-2), l'Atlético retrouve une finale de Ligue des champions. Et, comme par hasard, l'Atlético retrouve pour cette apothéose, comme deux ans auparavant à Lisbonne – sans Grizou –, cette fois au stade Giuseppe-Meazza de Milan, son éternel rival : le Real Madrid.

Les protégés de Diego Simeone obtiennent un penalty au début de la seconde période. Antoine Griezmann prend ses responsabilités, mais expédie la balle sur la transversale. Yannick Carrasco égalise bien en fin de match (1-1 après prolongation), mais l'Atlético va échouer lors de la séance de tirs au but (3-5). Grizou trompe, ce coup-ci, Keylor Navas sur la première tentative. Toutefois, Juanfran loupe le quatrième tir, laissant Sergio Ramos soulever la coupe « aux-grandes-oreilles ».

Dépité, Grizou encaisse mal : « Ça fera toujours mal cette finale avec l'"Atléti" parce que c'était mon but, c'était mon rêve… Le rêve de tout le club et je l'avais dans les pieds. Je suis sûr que cela sera encore douloureux dans dix ou quinze ans. » Le cauchemar perdurera jusqu'à l'été puisque, avec les Bleus *(voir ci-après)*, Antoine Griezmann trébuchera sur la dernière marche, au terme d'un Euro disputé sur le sol hexagonal et pourtant clinquant jusqu'à cette maudite finale, contre un Portugal en mode... Atlético !

Le couac Manchester

Moins en vue à la reprise de la saison 2016-2017, le Français subit quelques critiques, pour son manque de régularité mais, surtout, son influence en berne contre les grosses cylindrées du championnat espagnol. Diego Simeone défend son joueur, mais le public le prend en grippe. La défiance s'accroît lorsque Manchester United lui fait les yeux doux. Certes, Grizou prolonge avec l'Atlético qui lui garde sa confiance. Cependant, sa déclaration, quelques jours auparavant, au cours de laquelle il affirme qu'il y a « six chances sur dix pour lui de rejoindre Manchester » passe mal auprès des supporters.

Parler de disgrâce serait exagéré, au moment de la reprise de la saison 2017-2018. Malgré tout, dès la première journée de Liga contre Gérone, « Toine » trouve le moyen de se faire expulser, après avoir reçu deux cartons jaunes. Le premier pour simulation, le second sur contestation. Ses propos à l'encontre de l'arbitre, Juan Martínez Munuera, surprennent. Un « Eres un cagon ! » (« Tu es un trouillard ! ») qui lui vaut deux matches de suspension. Pour son retour, le Mâconnais se fait pardonner, en inscrivant le but décisif (1-0) contre Malaga. Au terme de cette première partie d'exercice, le bilan est maigre : Antoine Griezmann n'a planté que six buts. Le numéro 7 sait se remettre en question, pour mieux repartir de l'avant.

Quand débute 2018, à six mois de la Coupe du monde en Russie, forcément, le joyeux luron retrouve la plénitude de ses capacités. Il finit meilleur joueur en février, grâce notamment à un triplé contre Séville (5-2), puis un quadruplé contre Leganés (4-0) ! Reversé en Europa League, l'Atlético fonce sur la finale programmée à Lyon. Ni le Sporting ni Arsenal ne résisteront au froid réalisme des *Rojiblancos*. Le Mâconnais se charge d'assurer, avec Angel Correa, Diego Costa, Fernando Torres et Kevin Gameiro, la dynamique offensive. Le 16 mai au Groupama Stadium, devant toute sa famille, rendez-vous est pris avec l'Olympique de Marseille.

SAISON 2018-2019 : CE N'EST QU'UN AU REVOIR...

« Grizi » peut bomber le torse. Lorsque le Français revient au complexe de Majadahonda, pour la préparation d'avant-saison, c'est en champion du monde qu'il entame son cinquième exercice sous les couleurs de l'Atlético. Applaudi par ses partenaires et félicité par un Diego Simeone toujours fan, Antoine Griezmann ne se laisse pas aveugler par la gloire absolue, conquise en Russie avec les Bleus. Il brille notamment sur coup franc où son pied gauche joue des tours aux gardiens de la Liga. Le 13 avril 2019 contre le Celta Vigo, le numéro 7 en réussit un splendide qu'il dédie aussitôt à son fils Amaro, né cinq jours plus tôt.

Auteur de 15 buts en 36 matches de Liga, le Français reste sur ses standards habituels, question statistiques. Le 14 mai, la gorge nouée, il annonce dans une vidéo sobre, directement adressée aux supporters de l'Atlético, son départ de Madrid. « Je voulais vous remercier pour votre affection. Je vous porte dans mon cœur », commente-t-il avant de boucler ses valises pour la Catalogne.

RESPECT
7

EURO 2016 : AU PRESQUE PARFAIT

Après un premier tour compliqué, au cours duquel Didier Deschamps l'a parfois laissé sur le banc, le stratège tricolore s'est transformé par la suite en opportuniste. Au point de finir meilleur réalisateur du tournoi, avec six « bonbons » inoubliables à retrouver ici en images.

1

15 JUIN 2016 À MARSEILLE

France – Albanie 2-0

90e minute : après un ballon mal dégagé par le défenseur albanais Andi Agolli, Adil Rami récupère sur le flanc droit, avant de centrer pour Antoine Griezmann, démarqué à l'entrée des six mètres. Sa tête piquée décroisée trompe Etrit Berisha sur sa droite, au ras du poteau. La France marque sur son premier tir cadré (1-0).

2

26 JUIN 2016 À LYON-DÉCINES

France – Eire 2-1

58e minute : positionné côté gauche, Dimitri Payet écarte à droite sur Bacary Sagna qui centre pour Antoine Griezmann. Le Mâconnais se démarque de James McCarthy puis, au point de penalty, décolle, pour tromper Darren Randolph, le portier irlandais, sur sa droite d'une tête décroisée (1-1).

3

26 JUIN 2016 À LYON-DÉCINES

France – Eire 2-1

61e minute : long ballon d'Adil Rami à destination de la tête d'Olivier Giroud. L'attaquant français monopolise l'attention de Richard Keogh et de Dhane Duffy, puis remise de la tête pour Antoine Griezmann qui accourt, libre de tout marquage. Le Mâconnais contrôle et s'avance à l'entrée de la surface avant d'y pénétrer. Du pied gauche, le numéro 7 des Bleus bat Darren Randolph à ras de terre sur sa gauche (2-1).

4

3 JUILLET 2016 À SAINT-DENIS

France – Islande 5-2

45e minute : depuis la ligne médiane, Paul Pogba cherche à servir Olivier Giroud plein axe. L'attaquant tricolore sent le bon coup et laisse filer pour Antoine Griezmann qui contourne le bloc et prend de vitesse la défense islandaise. Le numéro 7 tricolore se présente face à Hannes Halldorsson et marque d'un ballon piqué du gauche (4-0).

5

7 JUILLET 2016 À MARSEILLE

France –Allemagne 2-0

45ᵉ minute+2 : penalty obtenu, après une main de Bastian Schweinsteiger au duel avec Patrice Évra, à la suite d'un corner. Du pied gauche, Antoine Griezmann s'en charge et prend Manuel Neuer, qui plonge sur sa gauche, à contre-pied (1-0).

6

7 JUILLET 2016 À MARSEILLE

France –Allemagne 2-0

72ᵉ minute : côté gauche, Paul Pogba efface facilement, après un grigri technique, Shkodran Mustafi et centre, à hauteur du but. Mais, sur sa sortie aérienne, Manuel Neuer repousse mollement du poing, plein axe, sur... Antoine Griezmann qui, opportuniste, reprend de la semelle, avec le pied gauche, et marque entre les jambes du gardien allemand (2-0).

EURO 2016 : LE PARCOURS DES BLEUS

Premier tour :
10 juin 2016 (à Saint-Denis) : France – Roumanie 2-1
(Buts d'Olivier Giroud et Dimitri Payet)
15 juin 2016 (à Marseille) : France – Albanie 2-0
(Buts d'Antoine Griezmann et Dimitri Payet)
19 juin 2016 (à Villeneuve-d'Ascq) : France – Suisse 0-0

Huitièmes de finales :
26 juin 2016 (à Lyon-Décines) : France – Eire 2-1
(Buts d'Antoine Griezmann x2)

Quarts de finale :
3 juillet 2016 (à Saint-Denis) : France – Islande 5-2
(Buts d'Olivier Giroud x2, Paul Pogba, Dimitri Payet et Antoine Griezmann)

Demi-finales :
7 juillet 2016 (à Marseille) : France – Allemagne 2-0
(Buts d'Antoine Griezmann x2)

Finale :
10 juillet 2016 (à Saint-Denis) : France – Portugal 0-1 après prolongation

LES 10 MEILLEURS BUTEURS À L'EURO DEPUIS 1960

1. Cristiano Ronaldo (Portugal, 2004-2021)	14 buts (25 matches)
2. Michel Platini (France, 1984)	9 (5 m.)
3. Alan Shearer (Angleterre, 1992-2000)	7 (9 m.)
4. Antoine Griezmann (France, 2016-2021)	7 (11 m.)
5. Ruud van Nistelrooy (Pays-Bas, 2004-2008)	6 (8 m.)
6. Patrick Kluivert (Pays-Bas, 1996-2000)	6 (9 m.)
7. Romelu Lukaku (Belgique, 2016-2021)	6 (9 m.)
8. Alvaro Morata (Espagne, 2016-2021)	6 (10 m.)
9. Wayne Rooney (Angleterre, 2004-2016)	6 (10 m.)
10. Thierry Henry (France, 2000-2008)	6 (11 m.)...

UN BOURREAU À LA GUEULE D'ANGE

En mai 2018 à Lyon, la finale de la Ligue Europa met aux prises l'Atlético à l'OM. Malgré un excellent début de match, les Marseillais loupent le coche et, par son doublé, le numéro 7 des *Rojiblancos* ruine tous les espoirs phocéens.

Disputer une finale européenne à 75 kilomètres de sa ville natale, cela n'arrive pas tous les jours. Surtout quand on joue dans les rangs d'un club espagnol ! Difficile de faire plus motivant pour Antoine Griezmann, originaire de Mâcon. Et, situation paradoxale pour lui qui n'a jamais joué en Ligue 1, de disputer ce sommet sur le sol français, qui plus est contre un club hexagonal. Déjà finaliste à deux reprises de cette C3 (1999 et 2004), l'Olympique de Marseille ne veut surtout pas échouer cette fois. Dans la périphérie lyonnaise, l'ambiance est bouillante entre supporters des deux camps.

Pour son 56e match européen, Grizou n'a qu'une obsession : effacer l'échec, deux ans plus tôt, en finale de Ligue des champions contre le Real. Il s'en excuserait presque auprès des supporters marseillais, mais pas question dans son esprit de laisser le trophée s'envoler vers la Canebière. Pourtant, le début de match est nettement en faveur des Phocéens. Valère Germain puis Adil Rami sont tout proches d'ouvrir le score. L'OM fait une excellente impression et l'Atlético courbe l'échine. Après vingt minutes timorées, le club madrilène lance sa finale, sur une « cagade » de la défense marseillaise.

Couronné près de chez lui

Une relance plein axe de Steve Mandanda pour un Frank Zambo Anguissa trop relâché et « Toine » intercepte, avant de venir tromper le gardien tricolore. « C'est notre jeu d'attendre une erreur de notre adversaire et de l'exploiter à fond », résume le numéro 7 des *Colchoneros*. Forcément, l'OM prend un sacré coup de bambou et l'Atlético se retrouve dans une situation qu'il adore gérer. Pour ne rien arranger, à la demi-heure de jeu, Marseille perd son stratège Dimitri Payet, tout juste revenu de blessure, qui subit là une fâcheuse rechute. Le numéro 10 de l'OM est consolé, à sa sortie, par son coéquipier en équipe de France.

Dès la reprise, Antoine Griezmann sort de nouveau de sa boîte. Lancé en pleine surface, il devance Steve Mandanda pour, d'une petite balle piquée, faire de nouveau trembler les filets phocéens. La finesse technique du « Petit Prince » est une merveille absolue. Avec courage, les joueurs de Rudi Garcia tentent de revenir dans le match, mais il est dit que rien, ce soir-là, ne leur réussira. À dix minutes du coup de sifflet final, alors qu'un but aurait pu tout relancer, une tête de Konstantinos Mitroglou échoue sur la base du poteau de Jan Oblak, le portier des *Rojiblancos*.

L'OM ne marquera pas et c'est au contraire l'Atlético qui, dans les derniers instants, s'échappe au tableau d'affichage, avec un troisième but signé Gabi. Encore loupé pour l'OM ! C'est la troisième victoire de l'Atlético dans cette C3 (après 2010 et 2012) et le premier trophée européen pour Antoine Griezmann qui jubile aux côtés de Lucas Hernandez. Le film se rembobine. « Je suis parti loin de chez moi à treize ans pour vivre ce genre de moment. C'était beau, tous ces supporters ! On va profiter, bien fêter ça, oublier la saison… Et penser au Mondial », conclut le Mâconnais, couronné non loin des bords de Saône, rivière de son enfance.

Accolade avec Dimitri Payet, le capitaine de l'OM.

OLYMPIQUE DE MARSEILLE – ATLÉTICO DE MADRID : 0-3 (0-1)

Mercredi 16 mai 2018 – Finale de la Ligue Europa
Stade : Groupama Stadium (Décines-Charpieu)
Arbitre : Björn Kuipers (Pays-Bas)
Buts : Griezmann (21e, 49e) et Gabi (89e)
Avertissements : Amavi (38e), L. Gustavo (75e) et Njie (78e) à l'OM ; Vrsaljko (23e) et L. Hernandez (78e) à l'Atlético

Olympique de Marseille :
Mandanda – B. Sarr, Rami, L. Gustavo, Amavi – Zambo Anguissa, Sanson, Thauvin, Ocampos (Njie, 55e) – Payet (M. Lopez, 32e), Germain (Mitroglou, 74e). Entr. : R. Garcia.

Atlético de Madrid :
Oblak – Vrsaljko (Juanfran, 46e), Giménez, Godin, L. Hernandez – Gabi, Saúl Ñíguez, A. Correa (Partey, 89e), Koke – Griezmann (F. Torres, 90e), D. Costa. Entr. : D. Simeone.

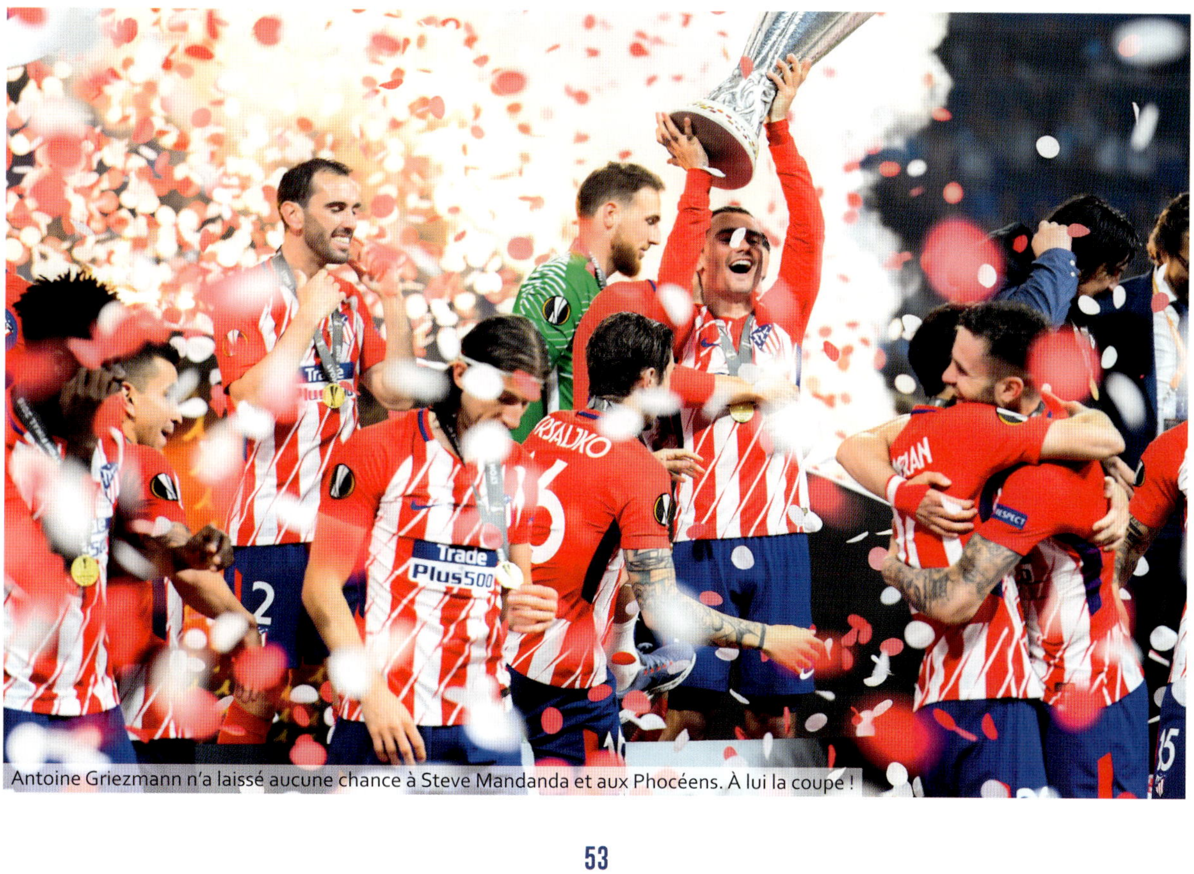

Antoine Griezmann n'a laissé aucune chance à Steve Mandanda et aux Phocéens. À lui la coupe !

LA CAMPAGNE DE RUSSIE

Après un premier tour laborieux, lors de ce Mondial 2018 triomphal, Antoine Griezmann va devenir le dépositaire du jeu tricolore. Retour sur cinquante jours dans le secret des Bleus et quelques détails croustillants qui ont transformé à tout jamais la vie du Mâconnais.

Il a craqué, de bonheur cette fois. Alors que, quatre ans plus tôt à Rio, il n'y avait pas de quoi danser la samba après la cruelle élimination contre l'Allemagne, en quart de finale (0-1), ce coup-ci « Grizi » verse des larmes de joie. Après une haletante finale face aux Croates (4-2), les Bleus de Didier Deschamps viennent de décrocher la deuxième étoile dans le ciel orageux de Moscou et Antoine est secoué de spasmes de joie. De douce euphorie. Pendant quelques secondes, il redevient le gamin fragile du quartier des Gautriats, il n'est plus vraiment un champion d'exception. Celui qui s'assoit désormais aux côtés de Pelé, Franz Beckenbauer, Ronaldo, Diego Maradona, Xavi, Zinedine Zidane ou Gigi Buffon…

Après l'émotion vient le temps des festivités. Ça court partout dans le camp français, du grand n'importe quoi. Lui reste seul un instant, en serrant les poings, tourné vers ses proches en tribune. Avant que le pote de toujours, le complice contre vents et marées, ne s'en rende compte. Paul Pogba l'enlace et, dès que son compère est là, forcément, Antoine Griezmann refoule ses sanglots. Place au délire ! Alors que le ciel craque au-dessus de la capitale russe, le numéro 7 des Bleus se pare d'un drapeau tricolore en forme de pagne, en attendant la remise du trophée.

Macron, Infantino, Poutine… Le salut aux officiels est vite expédié. L'instant solennel n'attend pas. Au vu de sa prestation dans cette finale, Antoine Griezmann ne l'a pas volé son trophée, mais que la route fut longue. Car, si on ne retient que le meilleur pour la fin, le protégé de Diego Simeone à l'Atlético a vécu un drôle de début de campagne. Justement, à deux jours du match inaugural de ce Mondial 2018 contre l'Australie, Antoine Giezmann a annoncé la prolongation de son contrat avec les *Colchoneros*.

Les Bleus bientôt dans la légende, avant la finale contre la Croatie.

Un couac pour démarrer

Problème : sa communication inédite n'a guère trouvé adhésion. Il faut dire que l'annonce, à travers un documentaire diffusé sur une chaîne privée en Espagne, a été moyennement appréciée par les aficionados. Au camp de Glebovets, où s'entraînent les Bleus, Antoine doit aussi digérer une saison harassante, avec 60 matches au compteur, tant en club qu'en sélection. Bien évidemment, Didier Deschamps compte sur son diablotin. Avec Hugo Lloris, Raphaël Varane et Paul Pogba, Grizou est le seul, dans un groupe de minots, à avoir la connaissance d'une Coupe du monde.

D'ailleurs, Noël Le Graët, alors président de la Fédération, est conscient du rôle de leader du numéro 7 : « Antoine prend de plus en plus de place, il a plus d'expérience et il est écouté par ses partenaires. » En conférence de presse, les questions sur son rôle de potentiel patron dans l'assemblage tricolore a le don de l'irriter un tantinet. « Oui, je suis le leader ! Comme ça, on ne va plus me poser la question », lâche-t-il, un poil agacé. Lui ne réclame rien, ne revendique aucun choix, faisant entière confiance à son sélectionneur. Un Deschamps qui prend vite sa défense : « Antoine ne va pas se transformer en aboyeur ou en donneur de leçons mais, par ce qu'il véhicule, c'est un élément moteur », insiste le boss des Bleus, toujours aussi pragmatique.

Au contraire d'un Platini charismatique ou d'un Zidane incontesté à leur époque, le Mâconnais aime trop la « grosse déconne » pour assumer un profil de patron pur et dur. Pourtant, il a pris de l'épaisseur dans le jeu et la répétition des efforts et des contre-efforts en Espagne lui ont forgé un sacré caractère, celui de pitbull qui ne lâche jamais son os. Sur un plan plus personnel, devenu père de famille à vingt-sept ans, l'espoir légèrement barré du début des années 2010, a gagné en maturité. À lui d'assumer sa position d'« ancien », pesant sur le groupe tout entier. D'ailleurs, le « Petit Prince » venu de Saône-et-Loire a eu suffisamment de bagou pour décider Lucas Hernandez de choisir le maillot bleu, plutôt que de rejoindre la *Roja* espagnole à l'heure du choix.

Contrarié d'entrée

Pour montrer que rien ne le stresse, la veille d'entamer les débats contre l'Australie, Antoine répète à tout bout de champ *This is why we play* (« Voilà pourquoi nous jouons »), reprenant plein de peps un slogan publicitaire de la NBA, championnat qu'il vénère. Sur la pelouse très sèche de Kazan, l'horaire du match (13 heures) n'aidant pas, les Bleus vont longtemps ronronner contre une Australie rugueuse, mais loin d'être géniale. Si ce ne sont pas des excuses, cela peut expliquer la partie quelconque d'un Antoine Griezmann en mode diesel.

Didier Deschamps a tenté un 4-3-3, sacrifiant Olivier Giroud, pour mieux installer le trio Mbappé-Griezmann-Dembélé, tant attendu par les suiveurs. Mais la relation entre le Mâconnais et ses deux jeunes partenaires a paru évanescente. « Grizi » est tout de même à l'origine du penalty – le premier obtenu, après utilisation de la VAR en Coupe du monde – qu'il a ensuite transformé lui-même. Inconsciemment, Antoine ne veut pas revivre la déconvenue, deux ans plus tôt, de l'Euro 2016 : partir à fond dans la compétition et ne plus avoir de carburant à l'instant de conclure.

Avec l'ami Paul Pogba.

Frustré, le dépositaire du jeu français est tout de même rappelé par « Dédé » sur le banc à la 70e minute. Soupe à la grimace. « Pourquoi je sors, coach ? » Le champion du monde 1998 n'a pas l'intention de lui donner plus d'explications et lance dans le grand bain Olivier Giroud. Chafouin devant les médias après ce premier succès laborieux (2-1) contre les *Socceroos*, Antoine Griezmann masque difficilement sa déception : « C'est toujours énervant de ne pas finir le match, il n'y a aucun joueur qui aime ça. Mais, le plus important, c'est le poids des trois entrants (Fekir, Giroud et Matuidi) qui a fait du bien. Tant mieux pour nous et pour le coach. »

Matuidi en soutien

Une fois la première tension passée, Antoine acceptera, le lendemain à l'hôtel d'Istra, la soufflante du sélectionneur, agacé par le manque d'implication des onze titulaires. Plus personnellement, Deschamps reproche à son « chouchou » son manque de disponibilité dans le cœur du jeu. Grizou est apparu sans ressort et avec peu d'impact. Sur le terrain d'entraînement, le préparateur physique, Grégory Dupont, relativise et refuse de se montrer inquiet pour les cadres. Le travail foncier va payer, mais plus tard dans la compétition, au moment de négocier les matches couperets.

Le 18 juin, Antoine Griezmann bénéficie d'une séance aménagée, assurée par le kiné Guillaume Vassout, en raison d'un coup reçu sur le tendon d'Achille contre les Australiens. En coulisse, Blaise Matuidi prend la défense de son équipier : « Grizou, c'est notre leader d'attaque. À nous de le mettre en confiance. » À deux jours du deuxième rendez-vous à Iekaterinbourg contre le Pérou, Didier Deschamps change ses plans. Au placard le 4-3-3 initial, il est temps de ressortir le bon vieux schéma en 4-2-3-1, avec Giroud en pointe pour remettre l'église Griezmann au milieu du village. « Dans l'axe, c'est là où je suis le meilleur », martèle le Madrilène.

Message reçu, mais le sélectionneur veut un Antoine plus altruiste et certainement pas un soliste qui ne correspond pas au personnage. Le positionnement de Blaise Matuidi côté gauche, derrière le surdoué Mbappé, permet aussi de lui alléger le travail défensif. La « Dèche » est aussi formel : fini de se disperser sur les coups de pied arrêtés, si importants dans ces phases finales. Désormais, « Grizi » s'en charge et on ne tergiverse plus pour savoir qui va allumer la mèche. Contre la *Blanquirroja* péruvienne, même si la rencontre est âpre et sans fulgurance (1-0), elle reste le tournant décisif de ce début de Mondial russe. La France a trouvé une assise, paraît plus équilibrée et, surtout, le collectif semble moins bancal.

Flop danois

À titre personnel, s'il n'a pas encore un rayonnement optimal, Antoine Griezmann joue plus juste, même s'il s'éteint au fil des minutes. Et, quand il sort à la 80e minute, remplacé par Nabil Fekir, cette fois, le Mâconnais ne tique pas. Deschamps lui accorde même une accolade, comme pour mieux le rassurer. Témoin de son début de Coupe du monde, son ancien entraîneur à la Real Sociedad, Philippe Montanier, connaît son Antoine par cœur : « Sur les deux premiers matches, il n'a pas été exceptionnel, il sort d'une saison usante. Tout ce qu'il peut apporter d'habitude, du liant dans les lignes, ce sens de la dernière passe, il l'a un peu moins. » Question de temps, en est persuadé le technicien normand.

Pour leur première au stade Loujniki à Moscou, déjà qualifiés pour la suite, les Bleus se présentent contre le Danemark largement remaniés. Contrairement aux titulaires habituels (Lloris, Umtiti, Pogba, Matuidi, Mbappé...), laissés au repos, Antoine Griezmann est titularisé, avec les novices Steven NZonzi et Thomas Lemar à ses côtés dans l'entrejeu. Le seul intérêt de cette « bouillie » proposée face à des Danois, également calculateurs, est d'assurer la première place. « On s'est rendu compte qu'en finissant premiers du groupe, nous pouvions gagner une journée supplémentaire de repos entre la demie et la finale », concède un ambitieux Guy Stephan, l'adjoint de « DD ».

« Grizou » en démonstration durant un mois sur le sol russe.

Aux premières loges sur le but de Benjamin Pavard contre l'Argentine.

Affaire conclue (0-0), mais les critiques pleuvent. Les supporters, courroucés d'avoir cassé leur tirelire pour un si triste spectacle, démontent les Bleus. Et la presse est acerbe. Privé de tranchant encore une fois contre les Vikings, étonnamment coupé de toute complicité avec Olivier Giroud, Antoine Griezmann a manqué de justesse et de spontanéité. Bref, il a déçu. Lui n'en a cure : « On s'en fout ! Le principal, c'est la qualification pour les huitièmes. Cette Coupe du monde est plus difficile que celle au Brésil, avec des sélections plus fortes tactiquement. »

L'Argentine « à domicile »

Les fans en attendent plus de leur Grizou, rêvant de le voir se balader entre les lignes. Mais, pour ça, il faut un numéro 7 à 100 % de ses moyens. Le jeu offensif des Bleus, trop stéréotypé, s'en ressent durant tout ce premier tour et même le joyau Mbappé ne peut réaliser de miracles. Pas encore. Tout en préparant son duel avec Javier Mascherano et ce choc contre l'Argentine, « Grizi » veut rattraper le temps perdu. Surtout que les autres tauliers répondent déjà présents, en termes d'investissement pour l'équipe.

Électrochoc lors de la causerie d'avant-match, à l'hôtel de Kazan, lorsque Didier Deschamps titille l'amour-propre des joueurs : « Vos familles vous regardent ! » Question motivation, le message est reçu. Transformés, les Bleus toisent les Argentins de Lionel Messi. L'ambiance dans les tribunes ressemble à celle de la Bombonera à Buenos Aires. Sulfureuse. En pleine adversité, face à l'avalanche de critiques, devant des supporters de l'*Albiceleste* déchaînés et des Gauchos surmotivés, l'équipe de France ne recule pas. Cette fois, Kylian Mbappé sort du bois et Antoine Griezmann, les nerfs en acier, ouvre le score sur penalty.

On connaît la suite : les Bleus sont menés huit petites minutes dès la reprise – la seule fois du tournoi ! –, avant de tout renverser. « Grizi » est aux premières loges sur la frappe d'extraterrestre de Benjamin Pavard, avant d'assister au doublé salvateur du natif de Bondy (4-3). Cette fois, le numéro 7 tricolore a tout donné, a pris pas mal de coups et s'est sacrifié pour le collectif. Lucide, le Mâconnais savoure, après l'exploit : « Je monte en puissance, c'est une satisfaction. Contre une équipe comme l'Argentine, joueuse, on a eu plus d'espaces, c'est tout de suite plus facile pour nous. »

Ouverture du score contre l'Albiceleste sur penalty.

Les « cousins » uruguayens

Quatre ans après, Antoine Griezmann goûte de nouveau au parfum si particulier d'un quart de finale de Coupe du monde. Mais, cette fois, l'Allemagne n'est pas invitée. Ce sera l'Uruguay, un troisième adversaire sud-américain et une perspective d'une belle empoignade avec des provocateurs nés mais, ô combien, talentueux. Et puis, dans le camp d'en face, ce bras de fer aura des allures de « derby » pour un Griezmann proche de nombreux joueurs de la *Celeste*.

« Ils vont tomber, ils vont aller se plaindre à l'arbitre… » savoure déjà le technicien supérieur des Bleus qui ne manquera pas de prodiguer de bons conseils à ses équipiers. Il connaît ces Uruguayens par cœur, il se considère presque comme l'un des leurs. Luis Suarez calme ses ardeurs : « Antoine, malgré tout ce qu'il dit dans les médias, il est Français. Il ne sait pas, en réalité, ce que c'est le sentiment d'être Uruguayen. »

Alors, l'artiste bourguignon se concentre sur le jeu des Bleus : « On sait que nous devons progresser en attaques placées, nous montrer plus patients et nous améliorer dans le dernier geste. » Mais derrière le discours policé, « Grizzy » n'en démord pas sur sa « seconde famille » qu'il admire : « Quand le ballon est perdu, les Uruguayens taclent comme des malades pour le récupérer, comme si leur vie en dépendait, j'adore ça ! » Au complexe de Glebovets, Antoine peaufine les derniers réglages sur coups de pied arrêtés offensifs. Il a une petite idée pour déstabiliser l'engagement de Diego Godin et ses partenaires.

Sacrifice au combat

Il a remarqué l'anticipation des hommes d'Oscar Tabarez pour devancer la course des adversaires. Lorsqu'à la 40e minute, les Bleus obtiennent un coup franc, côté droit, le stratège tricolore met en application son secret du jour : il marque un infime temps d'arrêt, avant de reprendre sa course d'élan. Cela suffit : les Uruguayens sont déjà partis à l'abordage. Raphaël Varane n'a pas bougé. Idéal pour se trouver démarqué. La passe téléguidée d'Antoine Griezmann fait le reste. Il dépose l'offrande aérienne sur la tête de son défenseur qui n'a plus qu'à décroiser pour ouvrir le score.

Il se charge lui-même de doubler la mise (2-0) après l'heure de jeu, sur une frappe lointaine, cafouillée par Fernando Muslera, le portier uruguayen. Aucune effusion de joie. « Je n'ai pas voulu leur manquer de respect », assume le Français qui consolera ses « cousins » au coup de sifflet final. Auparavant, il a recadré Lucas Hernandez, prêt à partir à l'assaut sur son flanc gauche. « Défends ! » lui intime un Grizou qui, s'il a connu encore pas mal de déchet dans son jeu, a su se sacrifier pour le combat.

Les Bleus rejoignent le dernier carré de la compétition, mais le numéro 7, au milieu des cris de joie, se veut perfectionniste : « Je peux encore être plus efficace dans mes choix. Je sais que les gens attendent beaucoup de moi. » Le public reste sur sa faim, mais Paul Pogba, mi-amusé mi-sérieux, prévient : « Ne touchez pas à mon Grizou ! » Il ne reste plus que deux matches pour atteindre le Graal. Comme ses coéquipiers, le Mâconnais sait que c'est le moment de passer la surmultipliée.

Version Atlético

Se présentent les Diables rouges en demi-finale à Saint-Pétersbourg, des Belges tombeurs du Brésil au tour précédent. Antoine s'apprête à se retrouver face à son double, un élément de prestige, un formidable élément inspiré et inspirant : Kevin De Bruyne. Transparent pendant les vingt premières minutes, le Français hausse rapidement son niveau de jeu. Son retour au premier plan coïncide à l'instant où il décroche sur le terrain, lui permettant de déclencher quelques contres dangereux et de jouer dans le bon tempo.

Comme à l'Atlético, Antoine Griezmann prend son pied, en harcelant en permanence le porteur du ballon, la plupart du temps un Eden Hazard qui ne trouve pas la faille. Une fois de plus, c'est sur l'un de ses coups de pied arrêtés, en l'occurrence un corner, que « Grizi » débloque la situation dans ce match sous tension. Au premier poteau, le coup de boule rageur de Samuel Umtiti libère les Bleus et tout un peuple (1-0). Dans son but, Hugo Lloris repousse toutes les tentatives belges.

La fête des voisins tourne à l'avantage de Tricolores morts de faim. Clairement, les Bleus ont plus misé sur le froid réalisme que sur des envolées tous azimuts. Déçus, les Diables rouges ont le « seum ». Le Mâconnais s'en moque et exulte : « J'ai kiffé à fond ! » Dans un rôle de poison, Antoine a parfaitement rempli sa mission. Mais son sens stratégique et sa vista technique ont aussi été essentiels. « Son rôle a été important pour contrer les milieux belges et pour laisser plus le ballon à leurs défenseurs qui ont une qualité moindre dans la relance », analyse un Didier Deschamps reconnaissant.

Joue-la comme Beckham !

La France est en finale pour la troisième fois en vingt ans. Antoine Griezmann réclame un patriotisme décomplexé, non sans une pointe de légèreté qui lui sied à merveille : « Il faut être fier d'être Français. On le dit trop peu : on est bien en France ! On mange bien, on a beau pays, une belle équipe de France… » Les supporters adhèrent. Pour abréger les longues heures d'attente jusqu'à la finale, « Grizi » s'éclate, tout en buvant du maté, sur la PlayStation, notamment en s'exerçant à *Fortnite*. D'ailleurs, le numéro 7 des Bleus s'est inspiré de ce jeu vidéo pour célébrer ses buts, avec ce « L » sur le front et ce sautillement d'une jambe à l'autre.

« Je veux la deuxième étoile sur le maillot et, si j'ai cette étoile, je m'en tape du jeu que l'on a produit ! » prévient le Mâconnais, lassé des polémiques stériles autour du style supposé restrictif de la sélection. Antoine tient à imiter un autre numéro 7 de légende, David Beckham, qu'il vénère. Même si le temps est moite sur Moscou, qu'il fait lourd, il ne dérogera pas à la tradition pour cette finale : comme le « Spice Boy » anglais à son époque, il enfile un maillot à manches longues. Pas toujours maîtrisé, le match tourne en faveur des Français, contre une Croatie, invitée surprise.

Grizou est dans tous les bons coups et ne craque pas au moment de transformer son troisième penalty de la compétition. Son sens du placement dans les intervalles est un modèle du genre. Antoine ne manque pas le rendez-vous crucial et réussit sa plus belle prestation dans le tournoi. L'ami Pogba et le jeune loup Mbappé enfoncent le clou. L'équipe de France est au firmament.

Trophée en mains, ça vaut bien une photo avec le président Macron. Le fils d'Isabelle et d'Alain, émus aux larmes, savoure, avant de conclure par un grandiloquent : « Nos enfants seront fiers de porter nos noms. » Si le propos est prononcé avec un large sourire, comme toujours avec Antoine Griezmann, il n'en garde pas moins un fond de vérité.

Cette fois, des larmes de joie :
le Mâconnais est champion du monde.

> *« Je ne dis pas que Luka Modrić ne méritait pas de recevoir le Ballon d'Or en 2018. Mais Antoine le méritait aussi ! »*
>
> **DIDIER DESCHAMPS**

LE COUP DE L'EXTINCTEUR

De retour à leur camp de base à Istra, après leur triomphe en huitième de finale contre l'Argentine (4-3), les Bleus ont besoin de souffler et de profiter du moment ensemble. Permission accordée par le staff. Les joueurs fêtent leur qualification au restaurant, avant de rentrer surexcités à l'hôtel.

C'est un « coiffeur » qui trinque. Les joueurs, Antoine Griezmann en tête, tambourinent contre sa porte : « Adil Rami, tes supporters sont là ! Adil Rami, tes supporters sont là ! » Le défenseur sort avec un extincteur et dégoupille. La poudre se répand partout dans les couloirs, déclenchant le système incendie. Les pompiers et les services de sécurité interviennent.

La troupe de « sales gosses » comprend l'ampleur du forfait. En pleine nuit, Didier Deschamps goûte peu à la péripétie mais, à la surprise générale, ne moufte pas. « Me sont alors revenus en mémoire les souvenirs quand j'étais joueur », plaisante le Basque qui passe l'éponge.

MONDIAL 2018 : LE PARCOURS DES BLEUS

Premier tour :
16 juin 2018 (à Kazan) : France – Australie 2-1
(Buts d'Antoine Griezmann et Aziz Behich contre son camp)
21 juin 2018 (à Iekaterinbourg) : France – Pérou 1-0
(But de Kylian Mbappé)
26 juin 2018 (à Moscou) : France – Danemark 0-0

Huitième de finale :
20 juin 2018 (à Kazan) : France – Argentine 4-3
(Buts d'Antoine Griezmann, Benjamin Pavard et Kylian Mbappé x2)

Quart de finale :
6 juillet 2018 (à Nijni Novgorod) : France – Uruguay 2-0
(Buts de Raphaël Varane et Antoine Griezmann)

Demi-finale :
10 juillet 2018 (à Saint-Pétersbourg) : France – Belgique 1-0
(But de Samuel Umtiti)

Finale :
15 juillet 2018 (à Moscou) : France – Croatie 4-2
(Buts de Mario Mandžukić contre son camp, Antoine Griezmann, Paul Pogba et Kylian Mbappé)

Parfois un rôle discret mais essentiel dans l'entrejeu, comme face au Danemark.

Félicité par Olivier Giroud, un duo qui a souvent fait mouche.

BARÇA, COMME UNE ERREUR DE CASTING

En revêtant le maillot *blaugrana* à l'été 2019, Antoine Griezmann s'imagine devenir une icône en Catalogne. Moins protégé qu'à l'Atlético, dans un effectif moins soudé, le Français va vite déchanter. Même si, au niveau bilan, tout n'est pas à jeter.

Mis à part Ludovic Giuly, qui a su se faire une place de choix au FC Barcelone entre 2004 et 2007, et à une moindre échelle Thierry Henry (2007-2010), en fin de carrière, peu de joueurs français sont parvenus à s'illustrer sur la pelouse du Camp Nou et à toucher au cœur les supporters catalans. Lorsque le 11 juillet 2019, Antoine Griezmann signe au Barça, avec une clause libératoire estimée à 120 millions d'euros et un contrat d'une durée de cinq ans, l'ex-*Rojiblanco* a de sacrées ambitions, mais le défi est particulièrement épicé.

Le numéro 7 étant pris par le Brésilien Philippe Coutinho, « Grizi » doit choisir un autre chiffre porte-bonheur sous les couleurs de sa nouvelle écurie. Il passe par la voie démocratique, après avoir consulté ses proches qui votent à main levée pour le numéro 17. Sur le terrain, le résultat initial n'augure rien de bon puisque, dès la première journée de cette Liga 2019-2020, la bande à Messi cale à Bilbao, contre l'Athletic (0-1). Bien sûr, les connexions sont loin d'être établies entre Antoine Griezmann et ses nouveaux équipiers. Si la complicité est immédiate avec Ousmane Dembélé, l'absence de Neymar, parti au PSG depuis deux saisons, se fait sentir et le Brésilien n'a pas été remplacé.

adidas
LA PRIMERA
D'UNA
NOVA
NIKE

Des retrouvailles en *blaugrana* contre l'Atlético.

Changement de coach

L'international français tente de se fondre et, dès la première réunion, il arrive dans la salle et lance des confettis, ce qui fait rire ses partenaires... Beaucoup moins les dirigeants catalans. L'ambiance est moins familiale qu'à l'Atlético. « Toine » a bien compris le message, prend en compte ce paramètre, ce qui ne l'empêche pas d'être performant, fin août, contre le Betis où il réalise un doublé pour son premier match au Camp Nou sous le maillot *blaugrana* (victoire 5-2). Ce Barcelone irrégulier termine la première partie de saison avec trois défaites au compteur.

En janvier, c'est l'entraîneur Ernesto Valverde qui en paie la note, remplacé sur le banc par Quique Setién. Cette période trouble est à son comble en mars, avec l'arrêt de la compétition en raison du confinement, lié à l'épidémie de Covid-19. Pour la reprise en juin, dans un Camp Nou à huis clos pour cause de situation sanitaire, Antoine Griezmann ne joue qu'une minute contre son ancien club, l'Atlético (2-2) et, dans l'autre camp, Diego Simeone se désole de la situation vécue par son ancien protégé.

Au terme de cette saison chaotique à tous niveaux, le Barça se contente de la place de dauphin, à cinq points d'un Real Madrid plus serein. Reste La Ligue des champions. Le Barça rejoint le Top 8, exceptionnellement organisé par l'UEFA à Lisbonne en août, pour boucler l'épreuve à partir des quarts de finale. Quand il entre à la reprise, le Bayern Munich mène déjà 4-1 ! La suite sera un long chemin de croix et Barcelone subit la défaite la plus lourde de son histoire sur la scène continentale (2-8). Saison blanche pour ce Barça insipide qui n'a remporté aucun titre. En coulisse, certaines rumeurs font état d'un « boycott » de Lionel Messi qui ne ferait aucun effort pour servir un Antoine Griezmann borduré.

Passe décisive de... Messi !

Dès la reprise, changement de staff : Ronald Koeman reprend le management de l'équipe et le technicien néerlandais demande au stratège français d'être plus impliqué dans le jeu et de mieux collaborer avec... Leo Messi ! Après le réveil de Grizou en novembre 2020, contre le Betis (5-2), avec un but à la conclusion d'une passe de l'Argentin, puis d'une offrande pour l'ami Dembélé, le Français s'exprime lors d'une interview accordée à *Movistar* durant laquelle il crève l'abcès. Antoine clarifie sa situation au Barça, son temps d'adaptation dans l'effectif et de son entente avec la *Pulga*. Avec quatre défaites en Liga, le Barça ne pointe qu'à la 13e place au classement. Tous les discours et les arguments français laissent indifférents les *socios*, mécontents.

Toutefois, contre Osasuna (4-0), auteur d'une reprise de volée phénoménale, Antoine Griezmann semble plus en adéquation avec ses partenaires. Ça se confirme par la suite, puisque le club catalan enchaîne 19 matches sans défaite. Seule ombre au tableau, mais de taille : le PSG inflige une fessée à Barcelone (4-1), en huitième de finale aller au Camp Nou, avec un Mbappé insatiable. « On avait besoin de réaliser un match parfait », avoue Grizou dépité. « On ne l'a pas fait... C'est une défaite sévère. Nous étions prêts, mais les Parisiens ont été bien meilleurs que nous, il n'y a rien à dire. En plus, Kylian était dans un grand soir. »

Un trophée quand même

Comme lot de consolation, le Barça se vengera sur la *Copa del Rey*. Après une *remontada* en quart de finale contre le FC Séville, avec un 3-0 au retour, ponctué d'un doublé signé Griezmann, le club *blaugrana* remporte facilement la finale, en disposant (4-0) de l'Athletic Bilbao, après l'ouverture du score par le Français, avant un tableau d'affichage complété par Frenkie de Jong et par un doublé de Lionel Messi. Les deux hommes se sont rapprochés. Contre Getafe (5-2), l'Argentin peut s'offrir un triplé mais, après ses deux premiers buts, il laisse au Français le soin de transformer un penalty.

L'éclaircie sera de courte durée puisque, en toute fin de saison, le Barça cède à deux reprises au Camp Nou, d'abord contre Grenade (1-2) puis devant le Celta Vigo (1-2). Mal dans sa peau, après deux saisons sans trop de saveur, Antoine Giezmann s'interroge. Stop ou encore ? Après un été agité et quelques bruits de couloir, il se fait vite une raison : partir de Barcelone lui semble la décision la plus juste. « J'ai décidé de m'en aller, parce que j'avais atteint ma limite mentale », admet l'international tricolore.

Encore faut-il que le marché des transferts s'agite, mais les clubs de Premier League ou de Bundesliga ne se bousculent pas. Le PSG se renseigne, mais sans donner suite. Et puis, dans les derniers jours du mercato, son ancienne *casa* tente un coup de poker. L'Atlético propose un deal avec le Barça, pour récupérer son ancien joueur comme joker. Même si les supporters de l'Atlético sont loin d'être convaincus par ce retour, les dirigeants des *Rojiblancos* sont prêts à tenter le pari. Antoine Griezmann et sa famille peuvent prendre leurs billets pour un vol direct (sans retour) pour Madrid.

ATHLETIC BILBAO – FC BARCELONE : 0-4 (0-0)

Samedi 17 avril 2021 – Finale de la Coupe d'Espagne
Stade : La Cartuja (Séville)
Arbitre : Juan Martinez Munuera
Buts : Griezmann (60e), de Jong (63e), Messi (68e et 72e)
Avertissements : D. Garcia (39e) et Berchiche (90e) à l'Athletic

Athletic Bilbao :
Simon – De Marcos, Yeray (Berchiche, 67e), I. Martinez, Balenziaga – D. Garcia, U. Lopez (U. Nuñez, 67e), Berenguer (Vesga, 54e), Muniain (Lekua, 46e) – I. Williams (Asier, 67e), R. Garcia. Entr. : Marcelino.

FC Barcelone :
Ter Stegen – Dest 'S. Roberto, 74e), Mingueza (Braithwaite, 87e), Piqué (Araujo, 82e), Lenglet, J. Alba – Busquets, F. de Jong, Pedri (Moriba, 81e) – Messi, Griezmann (O. Dembélé, 88e). Entr. : R. Koeman.

Contre le Borussia Dortmund, en Ligue des champions.

QATAR 2022 : UN « GRIZOU » TOUT-TERRAIN

Le défi est immense. Malgré une série de pépins invraisemblable, les Bleus affichent leur ambition : conserver leur titre. Tout est possible, chacun y croit, surtout avec un Griezmann stratosphérique... jusqu'à cette maudite finale contre l'Argentine.

Lorsque, le 9 novembre, Didier Deschamps annonce sa liste sur le plateau de TF1, aux côtés du journaliste Gilles Bouleau, celle-ci comporte vingt-cinq noms. Sans surprise, celui d'Antoine Griezmann apparaît en 23e position, mais le sélectionneur a certainement, sans trop réfléchir, couché le nom de son numéro 7 en tout premier. En théorie, le joueur de l'Atlético se trouve parmi les sept attaquants, entre Olivier Giroud et Kylian Mbappé dans l'énumération alphabétique. Mais beaucoup d'observateurs sentent bien que ce Grizou aux multiples facettes aura plus un rôle de milieu polyvalent que celui d'un finisseur en bout de chaîne.

D'autant qu'après avoir perdu N'Golo Kanté et Paul Pogba dans l'entrejeu, les Bleus partent au Qatar avec des hommes inexpérimentés au cœur du jeu. Eduardo Camavinga, Youssouf Fofana, Mattéo Guendouzi, Aurélien Tchouaméni, Jordan Veretout et, dans une moindre mesure, Adrien Rabiot ont besoin d'un vrai guide. Le Mâconnais, champion du monde en titre, sera celui-là. En atterrissant à Doha, les Bleus ne se doutent pas que les tuiles vont encore s'enchaîner.

Rôle hybride

Avant de partir, ils ont déjà perdu Christopher Nkunku lors d'un entraînement à Clairefontaine. Dans le Golfe, un énième coup dur – le plus traumatisant – se produit, avec le forfait de Karim Benzema, blessé. Comme si cela ne suffisait pas, le match inaugural est à peine commencé contre l'Australie que Lucas Hernandez se tord de douleur, alors que les *Socceroos* viennent d'ouvrir le score. Son genou droit a lâché. Même si Hugo Lloris reste un capitaine exemplaire, Antoine Griezmann sent que son groupe est touché et harangue ses partenaires pour mieux repartir de l'avant.

Dans un rôle hybride, le numéro 7 tricolore est au charbon en permanence, harcèle les relanceurs australiens et illumine le jeu de ses coups de patte diaboliques. Et s'il faut suppléer Benjamin Pavard, pas dans un grand jour, au poste de latéral droit, « Grizi » s'en charge. Après l'égalisation sur un coup de casque d'Adrien Rabiot, les Bleus se remettent la tête à l'endroit, puis Olivier Giroud et Kylian Mbappé assurent à la finition. Dans le choc du groupe D, place aux retrouvailles avec le Danemark qui reste sur deux succès d'affilée contre les hommes de Deschamps, en Ligue des Nations.

Avec un Griezmann omniprésent, avaleur de kilomètres et gratteur de ballons partout sur le terrain, l'équilibre des Bleus est assuré. Arsène Wenger souligne la « contribution collective de très haut niveau » du patron des Bleus qui, en bonus, a gagné six ballons en six duels dans ses trente derniers mètres. Idéal pour soulager la défense qui vient tout juste de récupérer Raphaël Varane, revenu d'un mois d'inactivité. Sans compter que la palette offensive de Grizou semble illisible pour les adversaires.

Plaque tournante

Avant même le terme de ce premier tour contre la Tunisie, l'équipe de France est la première sélection qualifiée pour les huitièmes de finale au Qatar. On imagine déjà des retrouvailles avec l'Argentine, mais ce sera pour plus tard... C'est la Pologne qui se présente sur la route des Bleus. Antoine Griezmann est encore à la baguette pour ce match couperet : il multiplie les courses, perturbe le porteur du ballon et coupe les lignes de passes. Moins Robert Lewandowski sera servi, mieux les Bleus se porteront. « Je lui demande sans doute des choses différentes,

Au sacrifice dès le premier match contre l'Australie.

mais pas de sacrifice de sa part », insiste Didier Deschamps. « Il est tellement utile, intelligent, pour compenser et permettre au groupe d'avoir un bon équilibre. »

Véritable plaque tournante, « Toine » n'est même plus milieu offensif, mais plutôt relayeur avec un champ d'action aux horizons variés. Bref, il fait office de courroie de transmission entre la défense et l'attaque, avec une dextérité à toute épreuve. Contrairement à la campagne de Russie, le numéro 7 tricolore reste muet face au but, laissant le soin à Olivier Giroud et à Kylian Mbappé d'être à la finition. Ce qui ne semble pas le bouleverser. Une fois passé l'obstacle polonais, se présente en quart de finale un adversaire encore plus consistant. Finaliste du dernier Euro, l'Angleterre a le potentiel pour faire tomber des Bleus, opportunistes à souhait.

Une fois de plus, Grizou affiche une activité incessante et illumine le jeu. On le voit partout, au milieu, en attaque, en défense, à la récupération, en transition... Le Mâconnais colmate les brèches créées par les représentants des *Three Lions*. Contre une très forte sélection anglaise, le volume de jeu d'Antoine Griezmann soulage un collectif parfois malmené par le talent adverse. Pour parachever en beauté ce tableau dithyrambique, c'est le joueur de l'Atlético qui se montre décisif, depuis l'aile gauche, sur le centre millimétré à destination d'un Olivier Giroud, trop heureux de marquer de la tête contre ses « amis » anglais.

« À disposition du collectif »

Encore immense en demi-finale contre les inattendus Marocains, le numéro 7 tricolore est même désigné « Homme du match », tant son rendement est supérieur. « J'essaie de voir ce dont l'équipe a besoin au fil des minutes, où je peux faire mal et me mettre à disposition du collectif, comme je l'ai toujours fait », analyse modestement un Griezmann stratosphérique. Il a notamment réussi dans ce match 88 % des passes qu'il a tentées dans les trente derniers mètres adverses. Faramineux ! En simple observateur, en forme d'hommage, Paul Pogba – la « Pioche » en personne – rebaptise son ancien partenaire

Une médaille d'argent qu'il aurait aimé d'une autre couleur...

« GriezmannKanté » pour résumer l'abattage d'un pion essentiel.

Le football est ingrat car, lorsque se présente la finale de cette Coupe du monde, c'est le coup de la panne. Un étrange virus a touché la délégation tricolore à son hôtel. Plusieurs joueurs ont été malades la semaine précédant le choc, avant les retrouvailles avec l'Argentine. Refusant de se réfugier derrière cet argument, Didier Deschamps justifiera les errements de sa formation durant les deux premiers tiers de la partie par une fébrilité inhabituelle. Lionel Messi et Ángel Di María en ont déjà profité lorsque, à la 71e minute, Antoine Griezmann cède sa place à Kingsley Coman.

Transparent et sans ressort, le stratège des Bleus est passé à côté de sa finale. Son homme-orchestre en dehors du coup, c'est toute l'équipe de France qui semble à côté de la plaque. Depuis le bord de touche, lessivé, il assiste au miracle Kylian Mbappé, bien relayé par les entrants, tels Marcus Thuram, Randal Kolo Muani et Eduardo Camavinga. Malgré le triplé du Bondynois, les Bleus perdent leur couronne au terme d'une séance de tirs au but mal négociée. La France ne copiera pas le Brésil, dernier monument en date à avoir réussi le doublé (1958 et 1962). « Je n'ai pas pu faire honneur au plus beau maillot du monde », lâche, gorge nouée, le maître tacticien tricolore. Les regrets resteront éternels.

« La relation que j'ai avec le sélectionneur est forte. Je lui dois énormément. C'est lui qui m'a appelé et, depuis, on ne s'est pas quittés. C'est une belle complicité et je lui dois tout en équipe de France. »

ANTOINE GRIEZMANN

Le respect de tous ses adversaires.

MONDIAL 2022 : LE PARCOURS DES BLEUS

Premier tour :
22 novembre 2022 (à Al-Wakrah) : France – Australie 4-1
(Buts d'Adrien Rabiot, Olivier Giroud x2 et Kylian Mbappé)
26 novembre 2022 (à Doha) : France – Danemark 2-1
(Buts de Kylian Mbappé x2)
30 novembre 2022 (à Al-Rayyan) : France – Tunisie 0-1

Huitièmes de finale :
4 décembre 2022 (à Doha) : France – Pologne 3-1
(Buts d'Olivier Giroud et Kylian Mbappé x2)

Quart de finale :
10 décembre 2022 (à Al-Khor) : France – Angleterre 2-1
(Buts d'Aurélien Tchouaméni et Olivier Giroud)

Demi-finale :
14 décembre 2022 (à Al-Khor) : France – Maroc 2-0
(Buts de Théo Hernandez et Randal Kolo Muani)

Finale :
18 décembre 2022 (à Lusail) : France – Argentine 3-3 après prolongation (2-4 aux tirs au but)
(Buts de Kylian Mbappé x3)

ATLÉTICO : LE RETOUR DE L'ENFANT PRODIGE

Lassé de sa situation au Barça, le Français fonce tête baissée lorsque, en septembre 2021, les dirigeants *rojiblancos* lui proposent de rentrer au bercail sous forme de prêt. Les retrouvailles avec les supporters sont plutôt mitigées, mais « Grizi » finit par retourner l'opinion en sa faveur.

Le départ de son ancien équipier Saúl Ñíguez à Chelsea a facilité le retour d'Antoine Griezmann dans l'effectif *rojiblanco*. Tout s'est joué dans les dernières minutes du mercato, le 1er septembre 2021, avec un accord in extremis entre l'Atlético et le Barça, de son côté en passe de faire signer le Néerlandais Luuk de Jong. On ne peut pas dire, ce serait mentir, que ce fut une effusion de joie dans l'entourage du club de voir revenir le Mâconnais qui, trois ans plus tôt, avait cédé aux chants des sirènes catalanes.

Donc, c'est sur la pointe des crampons qu'Antoine Griezmann effectue ce come-back, fait profil bas, enfile un inédit numéro 8 et découvre de nouvelles têtes, comme celles du Danois Daniel Wass, de l'Argentin Rodrigo De Paul, du Brésilien Matheus Cunha, de l'ancien défenseur lillois Reinildo et même du gardien français Benjamin Lecomte, prêté par l'AS Monaco. L'international tricolore se fait tout petit dans l'effectif et ne bronche pas devant quelques banderoles qui fleurissent à son encontre, guère aimables dans les tribunes du tout nouveau stade Metropolitano.

Expulsé contre Liverpool

C'est en Ligue des champions que « Toine » se rappelle au bon souvenir des *socios*, en retrouvant le chemin des filets contre l'AC Milan (2-1), avant de signer un doublé contre Liverpool. Éclaircie de courte durée, puisque Liverpool l'emporte à Madrid (3-2) et qu'Antoine Griezmann, pour un pied haut sur Roberto Firmino, est expulsé contre les *Reds* de Mohamed Salah. Statistique dont le Français se serait bien passé : il devient le premier joueur à inscrire deux buts dans un match de C1, avant de recevoir un carton rouge ! « Grizi » se console en Liga en marquant (enfin !) son premier but domestique depuis son retour, contre Levante (2-2).

La seconde partie de la saison sera pénible, avec une blessure à la cuisse en décembre mal cicatrisée, avant une rechute dès janvier. Avec un bilan de 8 buts et 7 passes décisives en 36 matches disputés, Antoine Griezmann présente là ses statistiques les plus basses en Espagne depuis dix ans. Malgré son retour en demi-teinte, le champion du monde 2018 est titularisé dès la reprise 2022-2023 par Diego Simeone qui croit fort en son poulain. Seulement, dans le prêt accepté par le Barça au départ, une clause alambiquée stipule que ce dernier devient payant à hauteur de 40 millions d'euros si l'Atlético fait jouer le Français au moins quarante-cinq minutes dans 50 % des matches. Sortez vos calculettes ! Donc, le natif de Mâcon fait souvent banquette pour contourner la règle originelle.

Heureusement, cette situation ubuesque devient caduque en octobre 2022, puisqu'un transfert définitif, en bonne et due forme, est signé : Antoine Griezmann rempile avec les *Colchoneros* jusqu'en 2026. Sa situation étant régularisée, l'effet est immédiat. Jusqu'à présent sifflé par les supporters, Antoine Griezmann s'excuse platement, avant d'être acclamé comme jamais avant un match contre le Rayo Vallecano (1-1). Il retrouve toute son influence dans l'entrejeu *rojiblanco*, au grand soulagement de l'entraîneur argentin. Son doublé contre le Betis à Séville (victoire 2-1) le réconcilie définitivement avec les *Indios*, les plus fervents des Ultras.

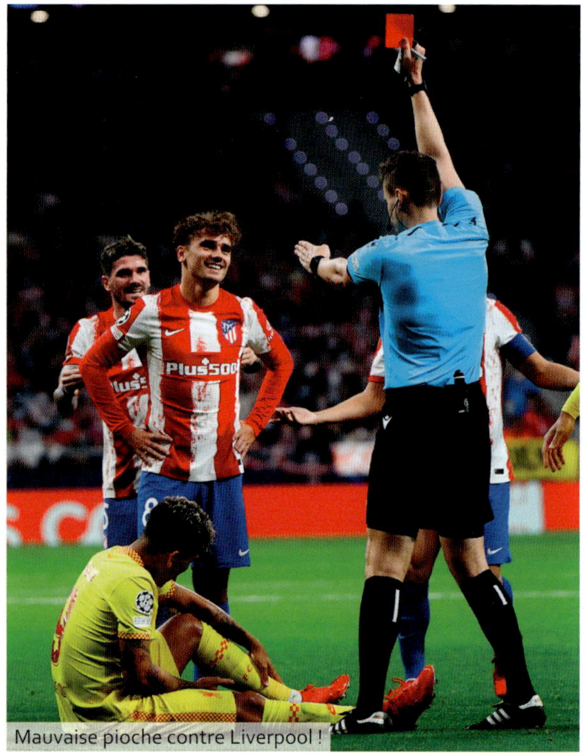

Mauvaise pioche contre Liverpool !

Jugé le plus influent

Satisfait de son fils prodige, Diego Simeone jubile : « Antoine est un joueur extraordinaire, une personne idéale pour une équipe comme la nôtre. Nous avons besoin de joueurs de ce profil et j'espère que nous pourrons prendre soin de lui et l'avoir avec nous pendant encore longtemps. Il restera dans l'Histoire du club. » Plus milieu relayeur que véritable attaquant, comme en équipe de France, le « Petit Prince » est l'auteur de prestations de haut vol, juste avant la Coupe du monde au Qatar. En Espagne, Antoine Griezmann est considéré comme le joueur le plus influent pour son équipe au sein des vingt écuries que compte la Liga.

En fin de saison, le Mâconnais a marqué deux fois plus que lors de l'exercice précédent mais, surtout, a réalisé trois fois plus de passes décisives pour ses partenaires. Un temps convoité par l'Arabie saoudite à l'intersaison, Antoine Griezmann décline poliment le pont d'or offert par les représentants de la *Saudi Pro League*. Le Français se concentre sur sa saison 2023-2024. Le 12 novembre contre Villarreal (3-1), Grizou inscrit son 300e but chez les professionnels (169 avec l'Atlético, 52 avec la Real Sociedad, 44 en équipe de France et 35 avec le Barça). Quinze jours plus tard, il fête de la plus belle des manières son 100e match en Coupe d'Europe à Rotterdam, puisque le club madrilène y domine le Feyenoord (3-1).

Meilleur buteur de tous les temps

Son président, Enrique Cerezo, s'emballe quand il évoque son numéro 7 : « Antoine peut rester à l'Atlético autant qu'il le souhaite ! » Le 10 janvier 2024, l'international tricolore débarque bien en Arabie saoudite, mais pour y disputer la Supercoupe d'Espagne, contre le Real Madrid. Malgré la défaite (3-5 après prolongation), Antoine Griezmann inscrit le 174e but de sa carrière sous le maillot *rojiblanco* (en 368 matches). Il devient le meilleur buteur de l'Atlético de tous les temps, dépassant la légende Luis Aragonés, comme lui dépositaire du jeu entre 1964 et 1974.

Une semaine plus tard, la presse hispanique s'enflamme, après l'incroyable but inscrit en prolongation par l'Atlético en Copa del Rey, lors du derby madrilène contre le Real (4-2). « Un but digne d'un génie », « Griezmann fait descendre le Real de son nuage » ou encore « Griezmann fait taire Vinicius Junior » sont les principales manchettes à la une des quotidiens sportifs locaux. Un éditorialiste n'y va pas par quatre chemins : « Le Français a apporté de la lumière, de la qualité et, surtout, de la réussite dans un match plein de fautes directes, de rebonds et de mauvais dégagements. » Dire que le Mâconnais a la cote dans les médias de l'autre côté des Pyrénées n'est pas un vain mot.

La vie en rose lors d'un match au sommet contre le Barça.

TRENTE ANS ET TOUTES SES DENTS

Toujours flamboyant sur le terrain, tant en club qu'en sélection, Antoine Griezmann, malgré la perte du titre de champion du monde, a bien digéré l'après-Qatar. Et même certaines tensions semblent n'avoir eu aucune incidence sur le rôle discret, mais prépondérant, du Mâconnais.

Cela devait bien arriver. Victime d'une entorse à la cheville contre l'Inter Milan en mars 2024, lors d'un huitième de finale de Ligue des champions, Grizou n'a fait qu'une apparition express à Clairefontaine. Lors du rassemblement des Bleus, avant les tests printaniers contre l'Allemagne et le Chili, le numéro 7 a fait constater sa blessure auprès du staff médical de la sélection, avant de rentrer à Madrid pour se soigner. Et voilà Didier Deschamps privé de son joueur clé. Celui qui vient d'enchaîner – record absolu ! – 84 matches d'affilée avec les Bleus depuis 2017.

Les Bleus ont paru orphelins après ce forfait, notamment contre une *Mannschaft* régénérée. La semaine précédant ce choc à Lyon, Kylian Mbappé a tenu à rappeler, lors d'un point presse, qu'Antoine Griezmann « est un joueur qui ne se remplace pas ». La hache de guerre est enterrée depuis longtemps entre ces deux artistes associés qui ont su, malgré quelques tiraillements par le passé, mettre leurs divergences de côté pour le bien du collectif.

RIYADH AIR

Vite digéré

L'épisode de la succession d'Hugo Lloris après le Mondial 2022 au Qatar pour récupérer le brassard aurait pu tourner au pugilat. Malgré l'amertume déclenchée par le choix de Didier Deschamps de désigner le jeune Bondynois comme capitaine à seulement vingt-quatre ans, Grizou n'a pas souhaité s'appesantir des mois durant sur cette décision. Pourtant, avec plus de cent sélections au compteur, le Mâconnais paraissait le successeur naturel de l'ancien gardien des Bleus et il n'a pas bien vécu de ce qu'il a ressenti comme un affront, mais mettra « seulement un jour et demi pour digérer », comme il l'avouera lui-même.

Dès la reprise en mars 2023, pour se remettre d'aplomb après la déception vécue contre l'Argentine de Leo Messi, l'équipe de France repart du bon pied. Ce sont les Pays-Bas de Ronald Koeman, l'ancien coach de Griezmann au Barça, qui vont trinquer. Et, pour faire taire toute polémique, il ne faut pas plus de deux minutes aux hommes de Deschamps pour ouvrir le score. Et à Kylian Mbappé de servir dans un fauteuil un « Grizi » qui grésille pour l'ouverture du score. Le festin peut commencer (4-0). Les deux affamés peuvent se congratuler. La réconciliation paraît sincère. L'image n'est en rien une façade, affirme le duo infernal.

Jusqu'en Amérique ?

Dans la capitale espagnole, le Français revit. Loin des turpitudes vécues au Barça, il retrouve tout son impact dans les rangs de l'Atlético. Pas de page blanche en Castille. Taulier avéré des *Rojiblancos*, garant de la stratégie « simeonesque », le Bourguignon retrouve toute son aisance. Ses prestations parlent en sa faveur, au point où les aficionados lui pardonnent la parenthèse catalane, guère à leur goût au départ.

Malgré une cheville rétive en ce printemps 2024, Antoine retrouve les terrains pour le tournant crucial de la Ligue des champions. Contre l'Inter, après l'échec à l'aller à Milan (0-1), le Français sonne la révolte au retour, en ouvrant le score au Métropolitano, avant que les *Colchoneros* n'arrachent la qualification aux tirs au but. Son influence parle de nouveau en sa faveur. En vue d'une fin de saison ébouriffante, Grizou est prêt à tous les défis. L'Euro est en ligne de mire, mais lui voit au-delà : « J'aurai une discussion avec mes dirigeants pour savoir s'ils me laissent aller aux JO. Je vais tout faire pour ! »

L'attrait de Paris 2024 ne le laisse pas indifférent, mais la balle est dans le camp de Diego Simeone et des responsables madrilènes. Une éventuelle médaille autour du cou, ça ne se refuse pas ! Et puis, la perspective de la Coupe du monde, la quatrième de sa carrière, organisée en 2026 sur tout le continent nord-américain (Canada, États-Unis, Mexique) le fait aussi saliver : « J'ai envie de la faire, celle-là ! À moi de gagner ma place. Si je prouve sur le terrain et en dehors que j'ai les cannes et le niveau, je pense qu'il n'y aura pas de souci. » Pour un amateur de NBA et de chevaux, décrocher un prix en Amérique serait immense.

Joie retrouvée avec Kylian Mbappé contre les Pays-Bas.

EURO 2024 (DU 14 JUIN AU 14 JUILLET)

LES SIX GROUPES AU PREMIER TOUR

Groupe A : Allemagne – Écosse – Hongrie – Suisse
Groupe B : Albanie – Croatie – Espagne – Italie
Groupe C : Angleterre – Danemark – Serbie – Slovénie
Groupe D : Autriche – France – Pays-Bas – Pologne
Groupe E : Belgique – Roumanie – Slovaquie – Ukraine
Groupe F : Géorgie – Portugal – République Tchèque - Turquie

LE PROGRAMME DES BLEUS AU 1er TOUR

Lundi 16 juin à Düsseldorf (21 h) : France – Autriche
Vendredi 21 juin à Leipzig (21 h) : France – Pays-Bas
Lundi 24 juin à Dortmund (18 h) : France – Pologne

En cas de qualification :

Du 30 juin au 2 juillet : un éventuel 8e de finale
5 et 6 juillet : quarts de finale
9 et 10 juillet : demi-finales
Dimanche 14 juillet : finale à Berlin

« Grizi » retrouve toute sa fougue pour son retour à l'Atléti !

Passage au Parc des Princes, avant un France-Irlande.

GRIEZMANN DIGEST

Bilan saison par saison.

Dans l'ordre : matches joués/buts/passes décisives.

COMPÉTITIONS ESPAGNOLES			
	Liga del Rey	**Copa d'Espagne**	**Supercoupe**
RS 2009-2010	39/6/5*	1/0/0	--
RS 2010-2011	37/7/1	2/0/1	--
RS 2011-2012	35/7/4	3/1/0	--
RS 2012-2013	34/10/3	1/1/01	--
RS 2013-2014	35/16/3	7/3/0	--
AM 2014-2015	37/22/1	5/1/2	2/0/1
AM 2015-2016	38/22/5	3/3/0	--
AM 2016-2017	36/16/8	5/4/2	--
AM 2017-2018	32/19/9	3/2/0	--
AM 2018-2019	37/15/9	2/2/0	--
FCB 2019-2020	35/9/4	3/3/0	1/1/0
FCB 2020-2021	36/13/7	6/3/4	2/2/1
FCB 2021-2022	3/0/0	--	--
AM 2021-2022	26/3/4	1/1/0	--
AM 2022-2023	38/15/16	4/0/1	--
AM 2023-2024	25/11/4	4/1/0	1/1/1

** En Seconde division espagnole*

ERNANDEZ
24
7

COMPÉTITIONS INTERNATIONALES

	C1 d'Europe	C3	Supercoupe	Bleus
RS 2009-2010	--	--	--	--
RS 2010-2011	--	--	--	--
RS 2011-2012	--	--	--	--
RS 2012-2013	--	--	--	--
RS 2013-2014	8/1/1	--	--	9/3/0
AM 2014-2015	9/2/0	--	--	9/2/1
AM 2015-2016	13/7/1	--	--	16/8/5
AM 2016-2017	12/6/2	--	--	9/3/2
AM 2017-2018	6/2/2	8/6/3	--	18/8/4
AM 2018-2019	8/4/2	--	1/0/0	11/5/4
FCB 2019-2020	9/2/0	--	--	6/1/3
FCB 2020-2021	7/2/0	--	--	17/8/2
FCB 2021-2022	--	--	--	--
AM 2021-2022	9/4/2	--	--	13/4/3
AM 2022-2023	6/1/1	--	--	13/1/4
AM 2023-2024	8/6/0	--	--	6/1/2

BILAN GÉNÉRAL

	Total
RS 2009-2010	40/6/5
RS 2010-2011	39/7/2
RS 2011-2012	38/8/4
RS 2012-2013	35/11/3
RS 2013-2014	50/19/4
AM 2014-2015	53/25/4
AM 2015-2016	54/32/6
AM 2016-2017	3/26/12
AM 2017-2018	49/29/14
AM 2018-2019	48/21/11
FCB 2019-2020	48/15/4
FCB 2020-2021	51/20/12
FCB 2021-2022	3/0/0
AM 2021-2022	36/8/6
AM 2022-2023	48/16/18
AM 2023-2024	38/19/5

RS : Real Sociedad | AM : Atlético de Madrid | FCB : FC Barcelone

BILAN EN 15 SAISONS

Liga	523/191/83
Copa	50/25/10
Supercoupe	6/4/3
C1	95/37/11
C3	8/6/3
Supercoupe d'Europe	1/0/0
TOTAL	**683/263/110**

Dans l'ordre : matches joués/buts/passes décisives

SES STATS EN COUPES D'EUROPE

- 103 matches, 43 buts, 14 passes décisives
- 95 matches de C1 (37 buts, 11 passes décisives), 8 de C3 (6 buts, 3 passes décisives)
- 8 doublés contre : Galatasaray (x2), FC Barcelone, FC Rostov, Olympique de Marseille, FC Bruges, Liverpool et Celtic Glasgow
- Il a marqué un but contre : AC Milan, Arsenal FC, AS Monaco, AS Roma, Bayer Leverkusen, Bayern Munich, Borussia Dortmund (x2), Celtic Glasgow, Chelsea FC, Dynamo Kiev, FC Copenhague, FC Porto (x2), Ferencvaros, Feyenoord Rotterdam, Inter Milan, Leicester City, Lokomotiv Moscou, Malmö, Olympiakos, Olympique Lyonnais, PSV Eindhoven, Real Madrid, Sporting CP, SSC Naples, SS Lazio

DES CHIFFRES ET DES LETTRES

En mars 2024, pour le rassemblement des Bleus avant les deux rencontres contre l'Allemagne puis le Chili, Antoine Griezmann, blessé à une cheville, a dû déclarer forfait. Il fallait remonter au 13 juin 2017 au Stade de France, lors d'un match amical contre l'Angleterre (3-2) pour assister à une prestation de la sélection tricolore sans la présence de son numéro 7. Ensuite, Grizou a enchaîné 84 parties d'affilée sous le maillot bleu.

RECORD ABSOLU !

Antoine Griezmann est le seul joueur à compter plus de 100 titularisations en sélection (109 exactement) avec une nation européenne depuis ses débuts en équipe de France en 2014. Il devance les Belges Toby Alderweireld et Jan Vertonghen (96).

En signant un doublé contre la Finlande (2-0) pour sa 98e sélection, en septembre 2021, Antoine Griezmann a égalé Michel Platini au classement des buteurs en équipe de France, avec 41 buts au compteur. Mais il n'avait fallu que 72 sélections au numéro 10 lorrain pour atteindre ce total entre 1976 et 1987.

En novembre 2019, Antoine Griezmann a envoyé un message d'encouragement aux joueuses du championnat espagnol en grève, qui « luttent pour leurs droits ».

CONFIDENCE D'ANTOINE GRIEZMANN : « JE PENSE EN FRANÇAIS, MAIS JE M'ÉNERVE EN ESPAGNOL ! »

En janvier 2021, fait inédit dans sa carrière, probablement lié à sa mauvaise passe avec le Barça : Antoine Griezmann a raté 5 penalties (ou tirs au but) d'affilée en trois mois, tant en sélection qu'en club, contre l'Albanie, Andorre, la Suède, le Betis puis la Real Sociedad.

Depuis ses débuts en équipe de France en 2014, Antoine Griezmann est le joueur qui compte le plus de temps joué sous le maillot sous l'ère Deschamps, avec 9 593 minutes. Il devance Raphaël Varane (9 229), Olivier Giroud (7 302), Paul Pogba (7 130) et Blaise Matuidi (5 745).

Autocritique du Mâconnais : « Je ne suis pas un joueur de un-contre-un, on ne me verra jamais sur le côté du terrain, en train d'enchaîner les dribbles pour passer mon adversaire. »

En octobre 2021, lors de la finale de Ligue des Nations à Milan contre l'Espagne (2-1), Antoine Griezmann a fêté ce soir-là sa 100e sélection, devenant le 9e joueur à atteindre ce total chez les Bleus.

Depuis le début de mandat de Didier Deschamps, en août 2012, à la tête de l'équipe de France, Antoine Griezmann est le joueur qu'il a le plus souvent sélectionné (127 matches). Dans ce classement, le Mâconnais devance Olivier Giroud (120), Hugo Lloris (108), Raphaël Varane (93) et Paul Pogba (91).

ANTOINE GRIEZMANN EST LE SEUL ET UNIQUE JOUEUR DE L'HISTOIRE DU FOOTBALL À AVOIR PERDU TROIS FINALES EN PROLONGATIONS, QUE CE SOIT EN LIGUE DES CHAMPIONS, À L'EURO ET À LA COUPE DU MONDE !

SUPPORTER DE L'OM QUAND IL ÉTAIT ENFANT, IL S'EST ENSUITE PASSIONNÉ POUR L'OLYMPIQUE LYONNAIS, À L'ARRIVÉE DE L'ATTAQUANT BRÉSILIEN SONNY ANDERSON EN 1999 DANS L'EFFECTIF DES GONES.

Fan de NBA, Antoine Griezmann se passionne pour le championnat américain : « Je suis un grand fan des Chicago Bulls, notamment de Derrick Rose. C'est à cause de lui que j'ai commencé à regarder le basket. »

Le Domaine Fichet en Bourgogne commercialise, avec l'accord du joueur, un coffret de vin qui porte le nom d'Antoine Griezmann. À consommer avec modération !

Grand amateur d'hippisme, comme son père Alain, Grizou s'est offert une écurie d'une vingtaine de chevaux et certains de ses pensionnaires participent même à de grandes courses, notamment sur l'hippodrome de Paris-Longchamp, avec Hooking.

Une célèbre entreprise de téléphonie a été accusée d'avoir aidé le gouvernement chinois à identifier les Ouïghours par la reconnaissance faciale. Face à ce scandale, Antoine Griezmann a décidé de rompre son contrat de partenariat.

ÉTONNANT FAIT AU SEIN DE LA FAMILLE GRIEZMANN : LES TROIS ENFANTS D'ANTOINE ET DE SON ÉPOUSE ERIKA CHOPERENA SONT TOUS NÉS UN 8 AVRIL ! CE JOUR-LÀ, ON FÊTE LES ANNIVERSAIRES DE MIA, NÉE EN 2016, ET DONT LE PARRAIN N'EST AUTRE QUE LE DÉFENSEUR URUGUAYEN DIEGO GODIN ; D'AMARO, QUI A VU LE JOUR EN 2019, ET D'ALBA, NÉE EN 2021.

L'AVIS DES CHAMPIONS

Reconnu par ses pairs, Antoine Griezmann fait évidemment l'unanimité chez ses partenaires et chez ses entraîneurs. Mais ses adversaires louent aussi les qualités du Français, trop souvent mésestimé à leurs yeux par le grand public.

Didier Deschamps : *« Antoine n'est pas dans la recherche de la lumière à tout prix. Il ne fait pas parler de lui. Ça ne l'empêche pas de dormir et de manger… Il n'est pas irremplaçable, car personne ne l'est, mais il est indispensable. »*

Paul Pogba : *« C'est l'un des mecs les plus marrants que je connaisse et avec qui j'aie joué. À l'entraînement, il s'éclate en permanence. Il bosse dur, mais avec une notion de plaisir, un côté ludique. Parfois, il se met dans le but et il fait des arrêts énormes. »*

Javier Pastore : *« Tous ceux qui connaissent le foot savent qu'on met Griezmann en premier sur la feuille de match et, ensuite, on dispose les autres joueurs autour de lui. »*

Diego Simeone : *« Il est affamé, il se projette vers le but, il comprend ce qu'on attend de lui lorsqu'il joue au milieu de terrain, il donne des passes décisives… J'ai de la chance d'avoir un joueur comme Griezmann. Ça ne fait aucun doute qu'il sera l'un des meilleurs joueurs de l'histoire du club. Il lit le jeu pour apporter l'équilibre, en compensant pour toute l'équipe. »*

Philippe Montanier : *« Antoine a une telle activité, il peut jouer à tous les postes. Il sait tout faire ! Il a toujours une grosse envie, il adore s'entraîner, jouer. C'est ce qui pourra peut-être lui permettre de faire une carrière longue. De plus, il sait très bien défendre. Il a besoin de courir, il arrive à se projeter, à délivrer des passes décisives. Je dis que c'est le joueur le plus complet du monde, parce qu'on a l'impression qu'il est à l'aise partout. »*

Kylian Mbappé : *« Même comme capitaine des Bleus, je ne serai jamais son supérieur hiérarchique. Antoine a une expérience en équipe de France que je n'ai pas. Il est arrivé avant moi. J'étais au centre de formation, il était déjà là ! C'est quelqu'un qui est estimé et qui est aimé de tout le groupe. Donc, ce serait vraiment dommage que nous ne puissions pas bénéficier de son expérience. »*

Cristiano Ronaldo : *« Peu après la finale de l'Euro 2016, en vacances à Miami, j'ai croisé Antoine dans un restaurant où il dînait avec sa fiancée. Il est venu me voir à ma table et m'a dit, dans un sourire complice : "Cristiano, je te déteste !" »*

Michel Platini : *« Antoine Griezmann, par son intelligence, sait toujours où le ballon va tomber. C'est la marque des joueurs qui sentent le football. »*

Hugo Lloris : *« Quand tu vois ce que fait Antoine, on n'apprécie pas à sa juste valeur ce qu'il réalise depuis des années. »*

Zinedine Zidane : *« C'est très rare les matches durant lesquels Griezmann n'est pas bon. L'équipe de France est au sommet avec lui. Il réussit des prestations top et je n'ai pas besoin d'en rajouter sur ce qu'il est en train de faire. »*

Lionel Messi : *« C'est facile de s'entendre avec les bons joueurs et Griezmann fait partie des grands joueurs. C'est un des meilleurs joueurs désormais. Nous étions heureux que les meilleurs joueurs viennent au FC Barcelone et Antoine Griezmann était l'un d'entre eux. »*

Lucas Hernandez : *« Si Antoine n'avait pas été là, je me serais perdu. Avant de rencontrer ma femme, j'aimais bien sortir et profiter en tant que célibataire, et lui m'a cadré, m'a dit de rester tranquille. Sur et en dehors du terrain. C'est mon frère ! Il me parle sans cesse. Il a été là quand j'ai dû prendre l'une des plus grandes décisions de ma vie, quand il a fallu choisir entre la France ou l'Espagne. »*

Diego Godin : *« À la Real Sociedad, tous les yeux étaient rivés sur lui, parce qu'il était clairement au-dessus du lot. À l'Atlético, il a réussi à maintenir sa régularité, à se montrer décisif dans la plupart des rencontres et à jouer beaucoup plus près du but adverse. C'est ce qu'on attend d'un attaquant. »*

NATIONS LEAGUE

QUIZ TIME

1/ En 2013, contre quel club Antoine Griezmann a-t-il inscrit son tout premier but en Ligue des champions ?

A. Manchester United
B. Olympique Lyonnais
C. Borussia Dortmund

2/ Lorsqu'il perd le quart de finale du Mondial 2014 au Brésil, contre l'Allemagne (0-1), Antoine Griezmann vit là sa première défaite en Bleu. Combien de sélections compte-t-il alors ?

A. 9 sélections
B. 13 sélections
C. 22 sélections

3/ Lors de la saison 2014-2015, sa première à l'Atlético de Madrid, Antoine Griezmann termine meilleur réalisateur du club *rojiblanco*. Avec combien de buts inscrits en Liga ?

A. 22 buts
B. 26 buts
C. 30 buts

4/ En septembre 2022, Antoine Griezmann enfile pour la première fois le brassard de capitaine contre le Danemark (2-0), jour de sa 110e sélection. Qui était le capitaine le match précédent contre l'Autriche ?

A. Raphaël Varane
B. Presnel Kimpembe
C. Benjamin Pavard

5/ En mars 2023, pour le début des éliminatoires de l'Euro, les Bleus étrillent les Pays-Bas (4-0) et Antoine Griezmann ouvre très vite le score. À quel moment précis ? On jouait depuis :

A. 38 secondes
B. 1 minute 54
C. 3 minutes 29

6/ Lors de la Coupe du monde 2022 au Qatar, les Bleus ont disputé au total 7 rencontres, y compris la finale. Combien de matches Antoine Griezmann a-t-il joués dans leur intégralité ?

A. 4 matches
B. 5 matches
C. 7 matches

1 B. Contre l'OL, le 20 août 2013 à Gerland, où la Real Sociedad s'est imposée (2-0) en barrage aller de C1.
2 A. Il honorait sa 9e sélection contre la Nationalmannschaft.
3 A. Le Mâconnais inscrit 22 buts en 37 matches dans le championnat espagnol.
4 A. Il s'agissait effectivement du défenseur Raphaël Varane.
5 B. Sur une remise de Kylian Mbappé, la reprise du gauche de Griezmann a trompé Jasper Cillesen, au bout de 1 minute 54.
6 A. Il a joué toutes les minutes des matches contre l'Australie, la Pologne, l'Angleterre et le Maroc. Grizou a été remplacé contre le Danemark et l'Argentine, et a remplacé Youssouf Fofana contre la Tunisie.

7/ Contre quelle sélection Antoine Griezmann a-t-il fêté sa 100e sélection en octobre 2021 ?

A. La Finlande
B. La Belgique
C. L'Espagne

8/ En trois saisons au FC Barcelone, entre 2019 et 2022, combien de buts Antoine Griezmann a-t-il inscrits ?

A. 44 buts
B. 49 buts
C. 53 buts

9/ Lors de l'Euro 2016 disputé en France, avec 6 réalisations, Antoine Griezmann finit meilleur buteur du tournoi. Trois autres Tricolores marqueront durant le tournoi : Olivier Giroud, Dimitri Payet et… ?

A. Samuel Umtiti
B. André-Pierre Gignac
C. Paul Pogba

10/ Pour son record de buts inscrits avec l'Atlético, Antoine Griezmann s'est vu remettre un cadeau par l'un de ses coéquipiers, le Néerlandais Memphis Depay. Sous quelle forme ?

A. Une moto
B. Un cheval
C. Une bague

11/ Lors de la 1re sélection d'Antoine Griezmann en mars 2014 contre les Pays-Bas (2-0), quel joueur fut le premier buteur des Bleus ce soir-là ?

A. Mathieu Valbuena
B. Karim Benzema
C. Franck Ribéry

12/ Avant d'affronter l'OM en finale de la Ligue Europa en 2018, quelle équipe anglaise l'Atlético a-t-elle éliminée en demi-finale ?

A. Tottenham
B. Liverpool
C. Arsenal

13/ Pour son tout premier but inscrit en Coupe du monde, lors de l'édition 2018 en Russie, de quelle façon Antoine Griezmann a-t-il ouvert le score contre l'Australie ?

A. Sur penalty
B. Sur coup franc
C. D'une talonnade

14/ Quel entraîneur français dirigea Antoine Griezmann à la Real Sociedad entre 2011 et 2013 ?

A. Raynald Denoueix
B. Luis Fernandez
C. Philippe Montanier

15/ En juin 2017 au Roazhon Park de Rennes, l'équipe de France affronte en match amical le Paraguay et Antoine Griezmann boucle le score (5-0). Mais quel joueur a inscrit à lui seul les quatre premiers buts ?

A. Florian Thauvin
B. Olivier Giroud
C. Kylian Mbappé

16/ Quel joueur a honoré sa première sélection, en mars 2014 contre les Pays-Bas, en même temps qu'Antoine Griezmann ?

A. Thomas Lemar
B. Lucas Digne
C. Loïc Rémy

17/ Quel établissement Antoine Griezmann a-t-il récemment inauguré à Madrid ?

A. Un cinéma

B. Une salle de sport

C. Un restaurant

18/ Quel coéquipier a remplacé Antoine Griezmann à la 71e minute, le 18 décembre 2022, lors de la finale de la Coupe du monde au Qatar contre l'Argentine ?

A. Eduardo Camavinga

B. Kingsley Coman

C. Marcus Thuram

19/ Quel boisson boit généralement Antoine Griezmann avant un match ?

A. Du maté

B. Du café

C. De la limonade

20/ Antoine Griezmann a remporté la Coupe d'Espagne en 2021 avec le FC Barcelone. Contre quelle équipe ?

A. Villarreal CF

B. FC Séville

C. Athletic Bilbao

7 C. Contre l'Espagne (2-1), en finale de la Ligue des Nations à Milan.
8 A. En 125 matches sous le maillot du Barça, le Français a bien inscrit 44 buts, toutes compétitions confondues.
9 C. Paul Pogba a marqué lors du quart de finale contre l'Islande.
10 C. Une bague façon NBA.
11 B. Karim Benzema à la 32e minute.
12 C. Il s'agissait d'Arsenal que les Colchoneros avaient éliminé (1-1, 1-0).
13 A. Sur penalty à la 58e minute.
14 C. Philippe Montanier a entraîné la Real Sociedad durant 82 matches (32 victoires, 24 nuls et 26 défaites).
15 B. C'est Olivier Giroud qui s'est offert un quadruplé contre les Paraguayens.
16 B. Il s'agit bien de Lucas Digne.
17 C. Le restaurant Rhudo a été inauguré en janvier 2024.
18 B. Kingsley Coman. Eduardo Camavinga a remplacé Théo Hernandez et Marcus Thuram, Olivier Giroud.
19 A. Du maté, à base d'une plante cultivée en Amérique du Sud.
20 C. Le Barça a écrasé l'Athletic Bilbao (4-0) et Antoine Griezmann a même ouvert le score.

MAXI-TÊTES

Depuis le début de sa carrière, Antoine Griezmann a souvent changé de tête, variant sa mode capillaire au fil des saisons, au gré de ses envies ou celles de ses proches. Saurez-vous retrouver à quel cliché correspond l'année où a été prise la photo ?

RÉPONSES :

2010-J 2015-B 2019-K 2023-F

2012-I 2016-M 2020-E 2024-C

2013-G 2017-D 2021-L

2014-N 2018-A 2022-H

A

B

C

D

E

F

G

- 2010
- 2012
- 2013
- 2014
- 2015
- 2016
- 2017
- 2018
- 2019
- 2020
- 2021
- 2022
- 2023
- 2024

H

I

J

K

L

M

N